최고의 기쁨을 맛보라

최고의 기쁨을 맛보라

존 파이퍼

좋은씨앗

Dangerous Duty of Delight :
Daring to Make God the Object of Your Desire

by John Piper

25년 전, 이 책의 확장판 『하나님을 기뻐하라』를
나의 아버지 윌리엄 솔로몬 하틀 파이퍼에게 바쳤습니다.
지금도 여전히 나는
아버지께 달콤한 빚을 지고 있습니다.
그리스도 앞에서 성결한 삶을 추구하는 것이
아버지의 행복이었음을 기억하면 할수록,
그 빚은 날마다 더욱 또렷해집니다.

009	들어가는 글
015	왜 기쁨이 우리의 의무입니까?
025	하나님을 영원토록 즐거워할 때 하나님이 영광받으십니다
045	감정은 선택 사항이 아닙니다
053	기쁨을 추구할 때 교만과 자기 연민이 사라집니다
059	사랑하는 이의 기쁨이 우리의 기쁨이 되어야 합니다

차례

085   기독교 희락주의와 예배
093   기독교 희락주의와 결혼
099   기독교 희락주의와 돈
115   기독교 희락주의와 선교
125   나가는 글: 최후의 부르심
128   도움자료 1: 영광을 받으시는 하나님
137   도움자료 2: 만족하는 영혼
143   미주

이 책에 실린 성경 본문은 한글성경 개역개정판이며, 독자의 이해를 돕기 위해 필요에 따라 다른 역본을 인용했습니다. 다른 역본을 인용할 때에는 출처를 밝혀 놓았습니다. 인용된 성경 본문 가운데 고딕체 강조 부분은 저자의 의도에 따른 것입니다.

들어가는 글

제가 이 작은 책을 쓴 이유가 있습니다. 하나님의 아들, 예수 그리스도의 '진리 되심'과 '아름다움'이 우리의 숨을 멎게 하기 때문입니다. 옛 시편 저자의 말을 빌려 표현하자면 이렇습니다.

    내가 여호와께 바라는 한 가지 일

    그것을 구하리니

    곧 내가 내 평생에

    여호와의 집에 살면서

    여호와의 아름다움을 바라보며

그의 성전에서

사모하는 그것이라.

시편 27편 4절

　우리가 관광 가이드라고 합시다. 관광객들이 무언가 기막히게 아름다운 광경을 보고 싶어한다는 걸 우리는 알고 있습니다. 관광객들은 그 아름다움을 만끽하기 위해서라면 위험도 마다하지 않을 태세입니다. 그런데 얼마 전 우리는 한번 보면 누구나 경탄할 만한 협곡을 우연히 발견했습니다. 그렇다면 사람들을 거기로 데려가 즐거움을 맛보도록 해야 하지 않을까요? 그렇습니다. 사람들은 누구나 경이와 놀라움으로 가득한 경험을 갈망합니다. 누구도 예외가 없습니다. 그리고 예수 그리스도만큼 우리를 경이로움에 숨 멎게 할 분도 없습니다. 그분은 결코 안전하지 않습니다. 숨이 멎을 정도로 경이롭고 놀라운 분이십니다.

　하나님은 인간의 머릿속에는 영원의 세계를 심어 두시고 마음속에는 갈망을 가득 채워 놓으셨습니다. 하지만 경이로움에 숨이 멎을 듯한 하나님을 만나기 전까지 우리는 자신이 무엇을 갈망하는지조차 알지 못합니다. 온 세상이 쉼을 얻지 못하고 끊임없이 방황하는 이유가 여기에 있습니다. 그래서 아우구스티누스는 이런 기도를 드렸나 봅니다. "주님, 주님께 돌아가 쉬기까지 우리는 참된 안식을 누릴 수 없나이다."[1]

세상은 채워지지 않는 목마름을 품고 있습니다. 그 목마름을 어떤 식으로든 채워 보려고 경치 좋은 곳으로 휴가를 떠나고, 기발한 것을 발명하고, 눈이 휘둥그레지는 영화를 만들고, 성에 탐닉하고, 스포츠광이 되고, 약물에 중독되고, 금욕 생활에 매달리고, 최고경영인이 되려고 애쓰나 봅니다. 하지만 여전히 목마름은 그대로입니다. 이게 무슨 의미일까요? C. S. 루이스가 답변해 줍니다.

> 내 안에 이 세상 어느 것으로도 만족할 수 없는 갈망이 존재한다면, 그것은 내가 또다른 세상을 위해 창조되었음을 나타내는 가장 확실한 설명이 될 것이다.[2]

세상의 비극은 메아리를 원래의 소리로 착각하는 데 있습니다. 하나님의 아름다움에는 정작 등을 돌린 채, 우리는 세상에 드리운 그림자에 정신이 팔리고 그것과 사랑에 빠져 버립니다. 하지만 거기에는 도무지 만족이 없습니다.

아름다움이 녹아 있다고 생각되는 음악이나 책이 그런 것들이다. 우리가 그것들에 기대기 시작하면 결국 실망하고 말 것이다.… 그것들은 본질이 아니기 때문이다. 그것들은 우리가 아직 찾지 못한 꽃의 향기에 지나지 않으며, 우리가 아직 들어보지 못한 음악의 여운에 지나지 않으며, 우리가 아직 가 보지 못한 나라에서 전해 온 소식에 지나지 않는다.[3]

제가 이 책을 쓴 이유는, 숨이 멎을 듯 아름다운 분이 우리를 찾아오셨기 때문입니다.

말씀이 육신이 되어 우리 가운데 거하시매 우리가 그의 영광을 보니 아버지의 독생자의 영광이요 은혜와 진리가 충만하더라(요 1:14).

그러니 제가 어찌 외치지 않을 수 있겠습니까? "여기 보십시오. 믿으십시오. 만족을 누리십시오!" 그걸 보기 원한다면 우리의 목숨을 바쳐야 할지 모릅니다. 그래도 그럴 가치가 충분합니다. 하나님 마음에 합한 사람 다윗이 자신의 고백으로 그 사실을 증명하고 있지 않습니까? "주의 인자하심이 생명보다 나으므로 내 입술이 주를 찬양할 것이라"(시 63:3). 그래서 마르지 않는 기쁨을 누리는 것은 우리에게 위험한 의무입니다. 평생을 바쳐 그 기쁨을 추구한다고 해도 결코 후회할 일이 없습니다. 나는 그것을 '기독교 희락주의'라고 부릅니다.*

---

* 기독교 희락주의(Christian Hedonism): '헤도니즘'이라는 단어는 사전적으로 '쾌락주의' 또는 '향락주의'라는 부정적 의미를 담고 있습니다. 저자는 '크리스천'과 '헤도니즘'이라는 서로 모순되게 느껴지는 두 단어를 결합해 일종의 언어 유희를 시도합니다. 우리 말로는 이 용어가 원래 담고 있는 부정적 어감을 살려 쾌락주의라고 부르는 예도 있으며, 그와 달리 부정적 어감을 희석하여 희락주의나 기쁨주의 등으로 표현하기도 합니다.

피조물의 행복은 하나님을 즐거워하는 데 있으며,
그럴 때 하나님도 찬송과 높임을 받으십니다.

조나단 에드워즈

할 수 있는 한 최고의 행복을 누리는 것은
모든 그리스도인의 의무입니다.

C. S. 루이스

1장

왜 기쁨이
우리의
의무입니까?

'기독교 희락주의'는 새로운 것이 아닙니다. 이런저런 논란이 있지만, 예전부터 있어 온 삶의 방식이라고 할 수 있습니다.

우리는 그것을 모세에게서 찾을 수 있습니다. 성경에 처음 나오는 다섯 권을 쓴 모세는 우리가 기뻐하지 않으면 끔찍한 일이 일어날 것이라고 경고했습니다. "네가 … 기쁨과 즐거운 마음으로 네 하나님 여호와를 섬기지 아니함으로 말미암아 … 적군을 섬기게 될 것이니 그가 철 멍에를 네 목에 메워 마침내 너를 멸할 것이라"(신 28:47-48).

이스라엘의 왕 다윗은 어땠을까요? 그는 하나님을 자신의 "큰 기쁨"(시 43:4)이라 부르며 "기쁨으로 여호와를 섬긴다"(시 100:2)고 고백했습니다. 그뿐이 아닙니다. 다윗은 "여호와를 기뻐하라"(시 37:4)고 외쳤으며, "아침에 주의 인자하심이 우리를 만족하게 하사 우리를 일생 동안 즐겁고 기쁘게 하소서"(시 90:14)라고 기도했습니다. 또 오직 하나님 안에서만 충만하고 영원한 기쁨을 발견할 수 있노라고 약속했습니다. "주의 앞에는 충만한 기쁨이 있고 주의 오른쪽에는 영원한 즐거움이 있나이다"(시 16:11).

예수님은 무슨 말씀을 하셨을까요? "나로 말미암아 너희를 욕하고 박해하고 거짓으로 너희를 거슬러 모든 악한 말을 할 때에는 너희에게 복이 있나니 기뻐하고 즐거워하라 하늘에서 너희의 상이 큼이라"(마 5:11-12). 다른 말씀도 하셨습니다. "내가 이것을 너희에게 이름은 내 기쁨이 너희 안에 있어 너희 기쁨을 충만하게 하려 함이라"(요 15:11). 예수님께서 십자가를 지신 이유도 다른 데 있지 않습니다. "그 앞에 있는 기쁨을 위하여 십자가를 참으셨다"(히 12:2)고 합니다. 또 마지막 때에 신실한 종들은 "네 주인의 즐거움에 참여할지어다"(마 25:21)라는 말씀을 듣게 될 것이라고 약속하셨습니다.

예수님의 형제 야고보를 기억하십니까? 그는 "너희가 여러 가지 시험을 당하거든 온전히 기쁘게 여기라"(약 1:2)고 권면했습니다.

사도 바울을 지나칠 수는 없지요. 그는 자신을 가리켜 "근심하는 자 같으나 항상 기뻐하는 자"(고후 6:10)라고 표현했습니다. 자신과 동역자들의 사역에 대해서는 "너희 기쁨을 돕는 자"(고후 1:24)가 되는 것이라고 설명하고, 성도들에게는 "주 안에서 항상 기뻐하라 내가 다시 말하노니 기뻐하라"(빌 4:4)고 명령했습니다. 심지어 "우리가 환난 중에도 즐거워하나니"(롬 5:3)라는 말까지 했습니다.

사도 베드로는 "오히려 너희가 그리스도의 고난에 참여하는 것으로 즐거워하라 이는 그의 영광을 나타내실 때에 너희로 즐거워하고 기뻐하게 하려 함이라"(벧전 4:13)고 말했습니다.

믿음의 선진들 가운데 아우구스티누스는 하나님에게서 최고의 즐거움을 발견하고 나서야 그때까지 자신을 옥죄던 성적 문란에서 마침내 자유함을 얻었습니다. "한때는 잃어버릴까 봐 그토록 조바심치던 무익한 쾌락들을 단번에 털어 버리고 나니 얼마나 행복한지 모르겠습니다. … 주께서 그것들을 나에게서 떼어 버리시고, 오직 왕이 주시는 참된 기쁨을 허락하셨습니다. 주께서 그것들을 나에게서 가져가시고 그 빈자리를 대신 차지하셨습니다. 주님은 모든 쾌락보다 감미로운 분이십니다."[4]

블레이즈 파스칼을 아십니까? 그는 이렇게 주장했습니다. "모든 인간은 행복을 추구한다. 누구도 예외가 없다. 수단이나 방법은 다양할 테지만, 결국은 이 하나의 목적을 향해 나아간다. … 아주 미약한 발걸음조차 이 목적을 추구할 뿐이다. 이것은 모든 사람이 시도하는 모든 행위의 동기가 되며, 자살을 시도하는 사람들의 동기도 바로 그것에 있다."[5]

신앙을 지키기 위해 목숨을 걸었던 청교도들의 목표는 오직 하나님을 잘 알아서 "하나님을 기뻐하며 그것을 인생의 과업으로 삼는 것"이었습니다.[6] 왜 그랬을까요? 그들은 하나님을 기뻐하는 것이야말로 "영적 원수들의 공격에 맞서 무장하고 사탄의 모든 유혹에 빠지지 않게 하는" 최고의 무기임을 알고 있었기 때문입니다.[7]

조나단 에드워즈는 어떻습니까? 그는 "피조물의 행복은 하나님을 즐거워하는 데 있으며, 그럴 때 하나님도 찬송과 높임을 받으신다"는 사실을 깨달아 누구보다 힘있게 가르쳤습니다.[8] "피조물의 목적은 하나님을 영화롭게 하는 것이다. 그렇다면 무엇이 하나님을 영화롭게 하는가? 그분이 나타내신 영광을 즐거워하는 것이다."[9]

C. S. 루이스는 "우리가 너무 쉽게 만족한다"는 사실을 발견했다고 말한 적이 있습니다.[10]

무수히 많은 선교사들을 기억해 봅시다. 그들은 그리스도를 위해 모든 것을 버렸으면서도 마지막에 이르러서는 데이비드 리빙스턴처럼 "나는 아무것도 희생하지 않았다"고 고백합니다.[11]

기독교 희락주의는 결코 새로운 것이 아닙니다. 기독교 희락주의가 이처럼 오래된 것이라면, 왜 그렇게 많은 논란이 일어나는 걸까요? 한 가지 이유는, 기쁨이 하나님에 대한 순종의 '부산물'이 아니라 순종의 '일부'라고 제가 주장하기 때문입니다. 사람들은, 기쁨이란 그저 하나님과 우리의 관계가 좋을 때 생겨나는 부산물 정도로 여길 뿐, 그 관계의 핵심적인 부분이라고 생각지는 않는 것 같습니다. 기쁨을 추구할 의무가 있다는 말에 사람들은 매우 불편해 합니다.

사람들은 이렇게 말합니다. "순종은 반드시 추구해야 하는 것이지만, 기쁨은 의무로 추구해야 하는 게 아니에요." 기독교 희락주의는 이렇게 답변합니다. "그런 말은 사과를 먹지 말고 과일을 먹으라는 말과 같습니다." 기쁨도 순종에 속한 것이기 때문입니다. 우리는 하나님을 기뻐하라는 '명령'을 받았습니다. 순종이 하나님이 명하신 바를 행하는 것이라면, 기쁨은 단순히 순종의 부산물이어서는 안 됩니다. 기쁨 그 자체가 순종하는 행위가 되어야 합니다.

성경도 우리에게 기쁨을 추구하라고 거듭 말하고 있습니다. "너희 의인들아 여호와를 기뻐하며 즐거워할지어다 마음이 정직한 너희들아 다 즐거이 외칠지어다"(시 32:11). "온 백성은 기쁘고 즐겁게 노래할지니"(시 67:4). "또 여호와를 기뻐하라"(시 37:4). "너희 이름이 하늘에 기록된 것으로 기뻐하라"(눅 10:20). "주 안에서 항상 기뻐하라 내가 다시 말하노니 기뻐하라"(빌 4:4).

성경은 우리가 기쁨을 단지 의무를 행한 다음에 얻는 부산물 정도로 여겨야 한다고 가르치지 않습니다. C. S. 루이스는 친구에게 편지를 쓰면서 그 사실을 제대로 짚었습니다. "자네도 알다시피 할 수 있는 한 최고의 행복을 누리는 것은 모든 그리스도인의 의무라네."[12] 맞습니다. 이것은 매우 위험하고 논쟁거리가 될 만한 말입니다. 그럴지라도 명백한 진리입니다. 최고의 행복은, 질적으로나 양적으로나 정확히 우리가 추구해야 하는 의무입니다.

어느 지혜로운 그리스도인은 의무와 기쁨 사이의 관계를 이렇게 표현했습니다.

> 어느 날 남편이 아내에게 굿나잇 키스를 해야 하느냐고 물었습니다. 아내가 대답했습니다. "해야 하고 말고요. 하지만 의무감 때문에 하는 거라면 싫어요." 아내가 전하고 싶은 이야기는 이런 것일 테지요. "사랑에서 우러나온 키스가 아니라면 내게 아무런 가치가 없어요."[13]

비록 키스를 한다고 해도 기쁜 마음으로 하지 않는다면, 결코 키스의 의무를 다한 것이 아니라는 말입니다. 키스로 표현하는, 아내를 향한 기쁨은 의무의 일부이지 결코 의무를 행하여 생기는 부산물은 아니라는 것입니다.

이것이 진리라면, 다시 말해 선을 행하되 그것을 기쁨으로 하는 것조차 선을 행하는 것의 일부라면, 기쁨을 추구하는 것은

(사랑이나 정직처럼 인간이 마땅히 추구해야 하는) 미덕을 추구하는 것의 일부라고 할 수 있습니다. 이것이 왜 논쟁의 대상이 되는지 아시겠습니까? 이것은 정말 중요한 문제입니다.

어떤 사람은 이렇게 말합니다. "정말 그렇게 생각하세요? 희락주의가 단순히 관심을 끌기 위한 말장난이 아니라는 거군요. 이것이 실제로 우리가 그대로 따라야 하는 삶의 방식이라면, 선한 사람이 되기 위해서는 기쁨을 추구하지 않을 수 없겠군요." 맞습니다. 제 말이 그것입니다. 성경 말씀도 그렇게 이야기하고 있습니다. 하나님도 그렇게 말씀하시고요. 그러니 중대한 문제가 아닐 수 없습니다. 말장난은 더더욱 아닙니다.

보다 정확하게 표현하자면, 우리는 늘상 하나님을 기뻐하는 것에 관해 이야기하고 있습니다. 심지어 선한 일을 기뻐하는 것마저 결국은 하나님을 기뻐하는 것이 됩니다. 왜냐고요? 우리가 궁극적으로 추구해야 하는 '최고의 선'이란, 하나님의 영광을 드러내고 하나님을 향한 기쁨을 다른 사람들에게 확산시키는 것이기 때문입니다.

하나님이 아닌 다른 대상을 향한 기쁨은 질적으로 우리 심령이 안고 있는 갈망을 충족시키지 못할 뿐만 아니라, 양적으로도 우리의 영원한 필요를 채우기에 턱없이 모자랍니다. 오직 하나님 안에만 충만한 기쁨이 있으며 하나님 안에서 발견하는 기쁨만이 영원합니다. "주의 앞에는 충만한 기쁨이 있고 주의 오른쪽에는 영원한 즐거움이 있나이다"(시 16:11).

하나님은 그분의 영광이 나타날 때뿐만 아니라
그 영광을 사람들이 향유할 때에도 영광을 받으십니다.

조나단 에드워즈

우리가 하나님 안에서 최고의 만족을 누릴 때
하나님은 우리 안에서 최고의 영광을 받으십니다.

존 파이퍼

2장

―

하나님을 영원토록
즐거워할 때
하나님이 영광받으십니다

하나님 안에서 우리의 기쁨을 극대화하는 것, 다시 말해, 하나님을 최고로 즐거워하는 것이야말로 우리가 창조된 목적입니다. 누군가 이렇게 말할지 모르겠습니다. "잠시만요. 그러면 하나님의 영광은 어떻게 되나요? 하나님은 그분의 영광을 위해 우리를 만드신 게 아니었나요? 목사님은 다르게 말씀하고 계시네요. 하나님께서 우리의 기쁨을 도모하기 위해 우리를 만드셨다는 얘기잖아요."

어느 것이 맞을까요? 하나님이 우리를 창조하신 것은 하나님 자신의 영광을 위해서일까요, 아니면 우리의 기쁨을 위해서일까요?

저는 하나님께서 자신의 영광을 위해 우리를 창조하셨다는 데 누구보다 열정적으로 동의합니다. 맞습니다. 맞고 말고요. 하나님은 이 세상 누구보다 하나님을 중심에 두는 분이십니다. 하나님은 자신을 위해 세상을 만드셨고, 자신의 영광을 위해 인간을 만드셨습니다. 이 사실은 제가 설교할 때마다, 글을 쓸 때마다 누누이 강조해 온 핵심이기도 합니다. 제가 말하는 기독교 희락주의는 바로 이 점을 보전하고 추구하는 데 목적이 있습니다. 하나님의 제일가는 목적은 하나님을 영화롭게 하는 것입니다. 성경 전체에 기술되어 있는 이 사실은 하나님께서 행하시는 모든 것의 목표입니다.

창조와 구원의 모든 단계마다 하나님께서 추구하시는 바는 자신의 영광을 최고로 확장하는 것입니다. 우리는 현미경이나 망원경으로 사물을 크게 키울 수 있습니다. 현미경은 작은 물체를 실제보다 아주 크게 보이게 합니다. 망원경은 별들처럼 아주 거대하지만 멀리 있어 작게 보이는 것을 좀 더 실제에 가깝게 보이도록 합니다. 하나님은, 망원경이 별들을 크게 보이게 해주는 것처럼 하나님의 영광이 크게 보이도록 하기 위해 우주를 창조하셨습니다. 하나님께서 우리를 구원하는 과정에서 행하시는 모든 일들도 그분의 은혜의 영광을 이처럼 확대하려는 목적이 있습니다.

예를 들어 봅시다. 하나님의 구원 역사에는 몇 가지 단계가 있습니다. 예정, 창조, 성육신, 화목, 성화, 완성 등입니다. 각각의 단계마다 하나님께서 자신의 영광을 드러내고 확장하기 위해 예수 그리스도를 통해 역사하신다고 성경은 말합니다.

- 예정 : "그 기쁘신 뜻대로 우리를 예정하사 예수 그리스도로 말미암아 자기의 아들들이 되게 하셨으니 이는 그가 사랑하시는 자 안에서 우리에게 거저 주시는 바 그의 은혜의 영광을 찬송하게 하려는 것이라"(엡 1:5-6).

- 창조 : "내가 북쪽에게 이르기를 내놓으라 남쪽에게 이르기를 가두어 두지 말라 내 아들들을 먼 곳에서 이끌며 내 딸들을 땅 끝에서 오게 하며 내 이름으로 불려지는 모든 자 곧 내가 내 영광을 위하여 창조한 자를 오게 하라 그를 내가 지었고 그를 내가 만들었느니라"(사 43:6-7).

- **성육신** : "내가 말하노니 그리스도께서 하나님의 진실하심을 위하여 할례의 추종자가 되셨으니 이는 조상들에게 주신 약속들을 견고하게 하시고 이방인들도 그 긍휼하심으로 말미암아 하나님께 영광을 돌리게 하려 하심이라 기록된 바 그러므로 내가 열방 중에서 주께 감사하고 주의 이름을 찬송하리로다 함과 같으니라"(롬 15:8-9).

- **화목** [14] : "이 예수를 하나님이 그의 피로써 믿음으로 말미암는 화목제물로 세우셨으니 이는 하나님께서 길이 참으시는 중에 전에 지은 죄를 간과하심으로 자기의 의로우심을 나타내려 하심이니"(롬 3:25).

- **성화** : "내가 기도하노라 너희 사랑을 지식과 모든 총명으로 점점 더 풍성하게 하사 … 예수 그리스도로 말미암아 의의 열매가 가득하여 하나님의 영광과 찬송이 되기를 원하노라"(빌 1:9, 11).

- **완성** : "이런 자들은 주의 얼굴과 그의 힘의 영광을 떠나 영원한 멸망의 형벌을 받으리로다 그날에 그가 강림하사

그의 성도들에게서 영광을 받으시고 모든 믿는 자들에게서 놀랍게 여김을 얻으시니"(살후 1:9-10).

그러므로 저는 "하나님께서 그분의 영광을 위해 우리를 창조하셨고 구원하신다"는 말에 더할 수 없이 동의합니다.

누군가 이런 질문을 던질 수 있습니다. "그런데 목사님은 어떻게 인생의 목표가 우리의 기쁨을 극대화하는 것이라고 말씀하세요? 하나님은 자신의 최종 목적, 즉 자신을 영화롭게 하기 위해 우리를 창조하신 게 아니었나요? 어느 것이 맞나요? 우리가 창조된 것은 하나님의 영광을 위해서인가요, 아니면 우리의 기쁨을 위해서인가요?"

이 대목이 바로 기독교 희락주의의 핵심입니다. 할 수만 있다면 놓치지 마십시오. 저는 이 진리를 조나단 에드워즈와 C. S. 루이스 그리고 가장 중요하게는 사도 바울에게서 배웠습니다.

조나단 에드워즈는 미국이 낳은 가장 위대한 목회자이자 신학자입니다. 그는 1755년에 『하나님의 천지 창조 목적』이라는 책을 저술했습니다. 그 책의 기초와 목적은 다음과 같은 놀라운 통찰에 바탕을 두고 있습니다. 그것은 기독교 희락주의의 가장 기저에 있는 주춧돌이 되기도 합니다. 에드워즈의 탁월한 설명을 천천히 읽어 보십시오.

"하나님은 그분의 영광이 나타날 때뿐만 아니라 그 영광을 사람들이 향유할 때에도 영광을 받으십니다." 사람들이 그 영광을 바라볼 때보다, 사람들이 그 영광을 보고 즐거워할 때 하나님은 더욱 영광을 받으십니다. 그러므로 사람들은 머리로 이해할 뿐만 아니라 가슴으로 느끼는 방식 모두를 통해 전인격적으로 그 영광을 받아들여야 합니다. 하나님은 그분의 영광이 전해질 뿐만 아니라 피조물이 그것을 누릴 수 있게 세상을 만드셨습니다. 즉, 머리와 가슴으로 그 영광을 받아들일 수 있도록 하셨습니다. 따라서 우리는 하나님의 영광에 대한 자신의 생각을 증거할 뿐 아니라 그 영광에 대한 자신의 기쁨을 증거하는 것으로도 하나님을 더욱 영화롭게 할 수 있습니다.[15]

다시 설명해 봅시다. 하나님께서 우리를 창조하신 것은 그분의 영광을 위해서입니까, 아니면 우리의 기쁨을 위해서입니까? 정답은 이렇습니다. "하나님은 우리가 영원토록 그분을 즐거워하는 것으로 그분을 영화롭게 하기를 바라시기 때문에 우리를 창조하셨습니다." 달리 말해, 우리는 하나님을 영화롭게 할지, 아니면 하나님을 기뻐해야 할지 둘 중 하나를 선택할 필요가 없습니다. 아니요, 둘 중 어느 것도 선택해서는 안 됩니다. 둘 중 어느 하나만 선택하면 다른 하나를 놓치고 말 테니까요.

조나단 에드워즈의 말이 절대적으로 맞습니다. "하나님은 그분의 영광이 나타날 때뿐만 아니라 그 영광을 사람들이 향유할 때에도 영광을 받으십니다." 그러니 하나님을 온전히 즐거워하지 않는다면, 하나님을 제대로 영화롭게 하는 일에도 실패하는 셈입니다.

"우리가 하나님 안에서 최고의 만족을 누릴 때 하나님은 우리 안에서 최고의 영광을 받으십니다." 이것이 기독교 희락주의의 든든한 기초입니다. 이것은 세상에서 가장 좋은 소식입니다. 영광을 받기 원하시는 하나님의 열정과, 만족을 얻기 원하는 우리의 열정은 결코 상충되지 않습니다.

우리가 익숙하게 들어왔던 옛 신앙고백의 한 대목에서 단어 하나를 바꾸면 이제까지와 전혀 다른 세상이 펼쳐질 수 있습니다. 가령 "사람의 제일가는 목적은 무엇입니까?"로 시작하는 웨스트민스터 신앙고백을 들어보셨을 것입니다. 이 질문에 익숙한 답변은 "사람의 제일가는 목적은 하나님을 영화롭게 하고(and) 영원토록 그분을 즐거워하는 것입니다"일 테지요. 여기에 등장하는 단어 '~하고'(and)를 '~함으로써'(by)로 바꿔 봅시다. 그러면 내용이 이렇게 달라집니다. "사람의 제일가는 목적은 하나님을 영원토록 즐거워함으로써 그분을 영화롭게 하는 것입니다."*

다시 물어보겠습니다. 하나님을 영화롭게 하는 것과 하나님을 즐거워하는 것은 전혀 다른 일입니까? 분명히 말씀드리지만, 이 신앙고백문을 정리하고 기록한 옛적 목회자들은 자신들이 두 가지 별개의 이야기를 하고 있다고 생각지 않았을 것입니다. 만일 두 가지로 구분되는 경우였다면, 앞의 질문에서 "사람의 제일가는 목적들(ends)"이라는 복수 형태의 단어를 사용했을 테지요. 그들 머릿속에서 하나님을 영화롭게 하고 그분을 즐거워하는 것은 두 가지가 아니라 하나의 행위였음이 분명합니다.

---

* 영어 문장이므로 전치사 by 다음에 있는 문구를 먼저 해석해야 합니다.

기독교 희락주의의 목적은 왜 이것이 그러한지를 밝히는 데 있습니다. 기독교 희락주의는 하나님을 영원토록 즐거워함으로써(by) 하나님을 영화롭게 할 수 있음을 설명하고자 합니다. 이것이 기독교 희락주의의 핵심입니다. "우리가 하나님 안에서 최고의 만족을 누릴 때 하나님은 우리 안에서 최고의 영광을 받으십니다."

사랑하는 성도 여러분, 이제는 제가 왜 이것에 그토록 열정을 쏟는지 아시겠지요. 만일 이것이 사실이라면, 우리가 하나님 안에서 최고의 만족을 누릴 때 하나님은 우리 안에서 최고의 영광을 받으시는 것입니다.

그렇다면 우리가 기쁨을 추구하는 일에 실패할 때 어떤 위험이 나타나는지도 알 수 있습니다. 하나님의 영광이 위기에 처하게 되겠지요. 만일 제가 기쁨을 추구하는 일이 본질적인 게 아니라고 말한다면, 그것은 하나님을 영화롭게 하는 일이 본질적인 게 아니라고 말하는 것이나 다름없습니다. 그러나 하나님을 영화롭게 하는 일이 가장 중요하다면, 우리의 만족을 추구하는 것은 하나님의 영광을 나타내는 일이므로 가장 중요해지는 것입니다.

기독교 희락주의는 결코 말장난 같은 것이 아닙니다. 온 세상이 걸린 일입니다.

있는 그대로의 의미를 정리한다면, 하나님 안에서 기쁨을 추구하는 것이 우리의 가장 고귀한 소명이라고 말할 수 있습니다. 우리가 어떤 미덕을 추구하든지, 어떤 숭배 행위를 하든지, 하나님 안에서 기쁨을 추구하는 것이 핵심이 되어야 합니다. 하나님과의 수직적인 관계에서든, 사람들과의 수평적인 관계에서든 우리의 삶을 돌아볼 때, 하나님 안에서 기쁨을 추구하는 것은 선택 사항이 아닌 핵심적인 의무입니다. 또 우리는 사람을 향한 진실한 사랑과 하나님을 향한 진실한 예배가 기쁨을 추구하는 일에 달려 있음을 곧 알게 될 것입니다.

제가 성경에서 이러한 사실들을 미처 간파하지 못하고 있던 때, C. S. 루이스는 그의 책으로 저를 깨우쳐 주었습니다. 1968년 가을 어느 날, 저는 캘리포니아 주 파사데나의 한 서점에 들어가 어슬렁거리고 있었습니다. 파란색 표지로 된 루이스의 얇은 책 『영광의 무게』를 무심코 집어들었지요. 첫 페이지를 넘기다가 그만 제 삶이 바뀌고 말았습니다.

> 자신의 행복을 갈망하고 간절히 누리고 싶어 하는 것은 나쁜

것이라는 생각이 현대인의 사고에 도사리고 있다면, 그것은 칸트와 스토아 학파의 사상에서 스며든 것이지 기독교 신앙의 일부가 아니라는 점을 말씀드립니다. 복음서가 당당하게 약속하는 상급, 그 엄청난 상급을 생각하면, 우리 주님은 우리의 갈망이 너무 강하기는커녕 오히려 너무 약하다고 말씀하실 듯합니다. 우리는 무한한 기쁨을 준다고 해도 술과 섹스와 야망에만 집착하는 냉담한 피조물들입니다. 마치 바닷가에서 휴일을 보내자고 말해도 그게 무슨 뜻인지 상상하지 못해 그저 빈민가 한구석에서 진흙 파이나 만들며 놀고 싶어 하는 철없는 아이와 같습니다. 우리는 너무 쉽게 만족합니다.[16]

세상에서 행복을 추구하려는 우리의 갈망이 너무 강한 게 문제가 아니라 너무 약한 게 문제라니, 저는 그런 말을 태어나서 처음 들어 보았습니다. 그 문장을 읽는 순간 제 안의 모든 것이 소리쳤습니다. "그래! 바로 이거야!" 제게는 너무도 또렷한 호소였습니다. 전적으로 동감하지 않을 수 없었습니다. "인간의 가장 큰 문제는 우리가 너무 쉽게 만족해 버린다는 점입니다. 우리는 굳은 결의와 뜨거운 열정으로 우리가 마땅히 추구해야 할 기쁨을 구한 적이 없습니다. 그래 놓고는 무한한 기쁨을 누리는 대신에 욕망의 진흙 파이에 만족하고 맙니다."

루이스는 "우리가 너무 쉽게 만족한다"고 말했습니다. 그리스도가 주시는 거의 모든 명령들을 우리는 "당당하게 약속하는 상급"을 바라봄으로써 더욱 준행할 수 있게 됩니다. 복음서가 약속하는 그 엄청난 상급을 생각하면, 우리의 갈망이 너무 강하기는커녕 오히려 너무 약하다고 주님이 말씀하실 것이라는 루이스의 주장은 아주 타당합니다.

그런데 그것이 하나님에 대한 '찬양' 그리고 하나님의 영광과 무슨 관련이 있을까요? 기독교 희락주의는 우리가 예수님께서 약속하신 기쁨을 추구해야 한다고 말할 뿐 아니라, 이러한 추구를 통해 하나님이 영광을 받으신다고 말합니다. 루이스 덕분에 저는 이 사실 또한 깨달을 수 있었습니다.

게다가 루이스의 또 다른 책에서 정말이지 충격적인 내용을 접했습니다. 이번에는 『시편 사색』이었습니다. 여기서 루이스는, 찬양이 우리가 감탄하는 대상으로부터 경험하는 기쁨의 완성이라는 사실을 알게 해 주었습니다.

그런데 저는 이상하게도 찬양에 대해 아주 분명한 사실 한 가지를 오랫동안 놓치고 있었습니다. 저는 찬양을 찬사나 경의를 표하는 일로만 생각했습니다. 찬양은 기쁨이 자연스럽게 넘쳐 나는 일이기도 하다는 사실은 놓치고 있었던 것입니다. 세상은 온통 찬양 소리로 가득합니다. 사랑하는 여인을 찬양하는 소리, 좋아하는 시인을 찬양하는 소리, 여행지의 풍경을 찬양하는 소리 … 하나님을 찬양하는 일과 관련해 제가 가지고 있던 주된 문제는, 우리가 귀하게 여기는 다른 모든 것들에 대해서는 기꺼이 하려고 하는 일, 할 수밖에 없는 일을 정작 최고의 가치가 있는 분에 대해서는 하지 않으려고 한다는 것이었습니다. 우리가 우리에게 즐거움을 주는 것들을 기쁨으로 찬양하는 까닭은, 찬양이 단순히 우리의 기쁨을 표현해 줄 뿐 아니라 그 기쁨을 완성하기 때문이라고 생각합니다. [17]

루이스의 도움으로 저는 생각을 새롭게 정리할 수 있었습니다. 하나님을 기뻐하는 것과 하나님을 찬양하는 것은 별개의 행위가 아닙니다. "찬양은 기쁨을 표현할 뿐만 아니라 그 기쁨을 완성합니다." 예배는 기쁨에 별도로 추가되는 어떤 것이 아니며, 마찬가지로 기쁨은 예배를 드릴 때 생겨나는 부산물이 아닙니다. 예배는 하나님을 최고의 가치가 있는 분으로 높이는 것입니다. 하나님을 높이고자 하는 마음이 강해지는 것, 그것이 바로 하나님을 기뻐하는 것입니다. 그러므로 예배의 핵심은 하나님을 기뻐하는 것이며, 우리에게 완전한 만족을 주시는 주님을 드러내는 것입니다.

사도 바울은 빌립보 교회에 보낸 편지에서 기독교 희락주의에 관한 이해에 종지부를 찍었습니다. 우리가 하나님 안에서 최고의 만족을 누릴 때 하나님이 우리 안에서 최고의 영광을 받으신다는, 가장 분명하고 성경적인 진술이 빌립보서 1장에 담겨 있습니다. 사도 바울은 로마에 수감되어 있으면서 이렇게 적고 있습니다.

> 나의 간절한 기대와 소망을 따라 아무 일에든지 부끄러워하지 아니하고 지금도 전과 같이 온전히 담대하여 살든지 죽든지 내 몸에서 그리스도가 존귀하게 되게 하려 하나니 이는 내게 사는 것이 그리스도니 죽는 것도 유익함이라(빌 1:20-21).

바울의 목표는 자기 몸에서 그리스도가 '존귀하게 되는 것' 또는 '높임을 받는 것' 또는 '영광을 받는 것'입니다. 그는 자기가 살든지 죽든지 상관없이 이런 일이 일어나기를 바라고 있습니다. 살든지 죽든지 그의 사명은 그리스도를 높이는 것, 즉 그리스도가 최고이심을 알리고, 그리스도를 영화롭게 하며, 그리스도의 위대하심을 만방에 알리는 것입니다. 이러한 바람이 20절에 분명히 나타나 있습니다. "살든지 죽든지 내 몸에서 그리스도가 존귀하게 되게 하려 하나니." 문제는 그가 '어떻게' 그런 일이 일어나기를 기대했느냐는 점입니다.

21절에 그 답이 나옵니다. "내게 사는 것이 그리스도니 죽는 것도 유익함이라." 21절의 '사는 것'과 '죽는 것'이 20절의 '살든지 죽든지'와 어떻게 상응하는지 보십시오. 두 구절을 비교해 살펴보면, 21절이 살든지 죽든지 어떤 것으로든 상관없이 오직 그리스도를 영화롭게 하는 것의 근거가 되고 있습니다. 즉 그리스도가 내 안에 계시므로 내가 사는 것은 물론이고 죽음에 처하는 것조차 그리스도에게 유익이 되기만 한다면 아무 상관이 없다고 고백합니다. 이러한 고백을 근거로 바울은 살든지 죽든지 내 몸에서 그리스도가 존귀하게 되는 일에 담대해져야 한다고 말합니다.

20절	21절
그리스도가 존귀하게 되게 하려 하나니	이는 내게
살든지	사는 것이 그리스도니
죽든지	죽는 것도 유익함이라

위에서 간단히 정리한 것 중에 먼저 '죽든지'(20절)와 '죽는 것도'(21절)를 살펴봅시다. 이 두 단어를 연결하면, "내가 죽든지 (그렇지 않든지) 내 몸에서 그리스도가 존귀하게 될 것입니다. 왜냐하면 내가 죽는 것도 유익하기 때문입니다"로 읽을 수 있습니다. 한 번 더 정리하면, "나의 죽음조차 유익하다면, 나의 죽음으로 그리스도가 존귀하게 되실 것입니다"라고 말할 수 있습니다. 이 고백은 그리스도가 존귀하게 되는 방식에 대해 이야기합니다. 바울은 자신의 죽음조차 유익한 것이 될 수 있다면, 자신의 죽음으로 그리스도가 높임을 받으시게 할 것이라고 말합니다.

왜 그렇습니까? 그리스도 그분이 바로 바울이 얻는 유익이 되시기 때문입니다. 23절은 이 사실을 분명히 밝히고 있습니다. "차라리 (내가) 세상을 떠나서(즉, 죽더라도) 그리스도와 함께 있는 것이 훨씬 더 좋은 일이라 그렇게 하고 싶으냐." 이것은 모든 그리스도인에게 죽음이 의미하는 바, 즉 죽음이 가져다주는 유익이기도 합니다. 죽음으로 말미암아 우리는 그리스도와 더욱 친밀해진다는 것입니다. 우리가 세상을 떠나면 그리스도와 함께 있게 됩니다. 그것은 유익입니다. 또 바울은 우리가 이런 죽음을 경험하게 될 때, 그리스도가 우리 몸에서 존귀하게 되신다고 말하고 있습니다. 우리가 우리의 죽음을 통해 그리스도를 유익으로 얻을 때 그리스도는 높임을 받으십니다. 이것이 우리가 죽음을 경험할 때 일어나는 예배의 본질입니다.

우리의 죽음으로 그리스도를 영화롭게 하기 원한다면, 우리는 반드시 죽음을 유익함으로 경험해야 합니다. 다시 말해 그리스도가 우리의 상급이요, 우리의 보화이며, 우리의 기쁨이 되셔야 한다는 말입니다. 그래서 우리가 사랑하는 모든 것들을 죽음이 빼앗아갈 때―다만 그리스도를 더 많이 얻게 될 때―우리가 그것을 유익으로 여길 정도로 그리스도가 우리의 가장 깊은 만족이 되셔야 합니다. 우리가 죽음을 겪으면서도 그리스도를 가장 큰 만족으로 여길 때, 그분은 우리의 죽음을 통해서도 영광을 받으실 것입니다.

사는 것도 마찬가지입니다. 바울은 우리가 그리스도를 무엇보다 소중한 보화로 경험할 때, 삶에서 그리스도를 존귀하게 할 수 있다고 말합니다. "이는 내게 사는 것이 그리스도니"라고 바울이 21절에서 고백하는 의미가 바로 그것입니다. 우리가 이 사실을 아는 것은 바울이 빌립보서 3장 8절에서 다음과 같이 말하고 있기 때문입니다. "또한 모든 것을 해로 여김은 내 주 그리스도 예수를 아는 지식이 가장 고상하기 때문이라 내가 그를 위하여 모든 것을 잃어버리고 배설물로 여김은 그리스도를 얻고."

그러므로 모든 그리스도인에게 삶과 죽음은, 우리의 유익이 되시며 보화 같으신 그리스도를 내면으로 경험하는 데서 비롯되는 예배 행위라고 바울은 지적합니다. 살든지 죽든지 그리스도를 높이고 존귀하게 하며 그분의 위대하심을 드러내고 선포하는 예배가 됩니다. 그리스도는 생명보다 귀한 상급이 되시기에 우리의 죽음을 통해서도 찬송을 받으십니다. 또 그리스도는 죽음을 목전에 둔 상황에서도 우리가 최고의 만족을 얻을 때 우리 삶으로 최고의 영광을 받으십니다.

삶과 죽음의 공통분모는, 그리스도야말로 우리가 살든지 죽든지 늘 변함없이 끌어안을 수 있는 최고로 만족스러운 보화가 되신다는 사실입니다. 그리스도가 우리의 비할 데 없는 보화가 되실 때 그분은 영광스러운 보화로 존귀함을 받게 될 것입니다. 그러므로 그리스도를 찬양하고 존귀하게 하려 한다면, 그분을 우리의 상급으로 얻고 그분 안에서 기쁨을 얻는 일에 결코 무관심해서는 안 됩니다. 그리스도의 영광을 높이는 일이 우리의 열정이 될 때, 그분 안에서 기쁨을 추구하는 일은 우리의 의무가 될 것입니다.

내 안에 이 세상 어느 것으로도
만족할 수 없는 갈망이 존재한다면,
그것은 내가 또 다른 세상을 위해 창조되었음을
나타내는 가장 확실한 설명이 될 것이다.

C. S. 루이스

주께서 원하시는 것을 명령하시옵소서.
그리고 명령하시는 것을 주시옵소서.

아우구스티누스

3장

감정은
선택 사항이
아닙니다

많은 사람들이 참된 기독교를 '감정'(affections)이 아닌 '결정'(decisions, 선택 또는 결단)이라는 용어로 정의내릴 때면 매우 당황스럽습니다. 저의 이런 심정을 여러분도 이해하실 것입니다. 결정이 중요하지 않다는 말이 결코 아닙니다. 문제는 그 결정이 작은 변화만을 일으킨다는 데 있습니다. 단순한 결정은 마음속에 참된 은혜의 역사가 일어났다는 확실한 증거가 못 됩니다. 사람들은 마음으로는 하나님과 아주 멀리 떨어져 있으면서도 하나님의 진리에 대해 '결정'을 내릴 수 있으니까요.

이것은 조나단 에드워즈가 말하는 성경적인 기독교와는 전혀 다릅니다. 에드워즈는 베드로전서 1장 8절을 언급하면서 "참된 기독교는 전적으로 감정으로 구성되어 있다"고 주장했습니다.[18]

> 예수를 너희가 보지 못하였으나 사랑하는도다 이제도 보지 못하나 믿고 말할 수 없는 영광스러운 즐거움으로 기뻐하니(벧전 1:8).

성경 곳곳에서 우리는 단지 '생각'하고 '결단'하라는 명령 말고도 '느끼라'는 명령을 보게 됩니다. 우리는 의지를 가지고 행하라는 명령 외에도 온갖 감정을 경험하라는 명령을 듣습니다.

예를 들어, 하나님은 우리에게 '탐내지' 말라고 명하십니다(출 20:17). 여기서 특정 감정을 품지 말라는 모든 명령은 그 반대편에 있는 다른 감정을 품으라는 명령이기도 합니다. '탐심'의 반대편에는 '만족'이라는 감정이 있습니다. 이것은 히브리서 13장 5절에서 우리가 듣는 명령이기도 합니다. "가진 것으로 만족하십시오"(현대인의성경).

하나님은 우리에게 '원망'하지 말라고 명하십니다(레 19:18). 원망을 품은 마음 그 반대편에 자리한 긍정적인 감정은 '마음으로부터' 나오는 용서입니다. 이것은 예수님께서 마태복음 18장에서 우리에게 명하신 바이기도 합니다. "너희가 각각 마음으로부터 형제를 용서하지 아니하면 나의 하늘 아버지께서도 너희에게 이와 같이 하시리라"(마 18:35). 성경이 말하는 바는, 단순히 불만을 품지 않기로 결단하라는 것이 아닙니다. 성경은 거기서 더 나아가 그보다 강렬한 것을 명령합니다. 예를 들어 베드로전서 1장 22절은 "마음으로 뜨겁게 서로 사랑하라"고 명합니다. 로마서 12장 10절은 "형제의 사랑으로 서로 다정하게 대하며"(새번역)라고 힘주어 권면합니다.

감정은 '성경이 명하고 있을 뿐만 아니라 우리가 마땅히 준행해야 하는 의무의 일부'라는 기독교 희락주의의 가르침에 사람들은 종종 당황합니다. 당황할 수밖에 없는 부분적인 이유는, 감정이라는 것이 우리의 의지에 따른 행위와는 달리 즉각적으로 통제할 수 있는 대상이 아니기 때문입니다. 하지만 기독교 희락주의는 "성경을 자세히 살피라"고 말합니다. 감정이야말로 성경 전체에 걸쳐 우리에게 의무적으로 요구되는 바입니다.

성경은 우리에게 기쁨, 소망, 두려움, 평강, 슬픔, 갈망, 다정함, 상심과 통회, 감사, 겸손 등을 품으라고 명합니다.[19] 그러므로 기독교 희락주의가 하나님 안에서 만족을 누리는 것이 우리의 소명이자 의무라고 말할 때, 감정을 지나치게 강조한다고 보면 안 됩니다.

우리의 마음은 종종 무디고 게으릅니다. 그래서 하나님과 그분을 마주할 때 마땅히 경험해야 하는 감정을 제대로 느끼지 못할 때가 있습니다. 그럴 때마다 우리는 우리의 의지를 붙잡고 결정(결단)을 내려야 합니다. 그러한 결정이 기쁨을 다시 불타오르게 하기를 바라면서 말입니다. 다만, 기쁨 없는 사랑이 우리의 목표는 아니지만("하나님은 즐겨 내는 자를 사랑하시느니라"[고후 9:7], "긍휼을 베푸는 자는 즐거움으로 할 것이니라"[롬 12:8] 참조), 그럼에도 불구하고 기쁨 없는 의무를 실천하는 것이 아예 아무것도 하지 않는 것보다 낫습니다. 단, 조건이 있습니다. 마음의 무뎌짐과 게으름 때문에 우리가 모든 의무를 준행하지 못했다는 '통회함'이 선행되어야 한다는 것입니다.

그리스도인이지만 기쁘게 순종하고자 하는 마음이 없으면 어떻게 해야 하느냐는 질문을 종종 받습니다. 좋은 질문입니다. 저는 감정은 그다지 중요하지 않으니까 그저 당신의 의무를 준행하라고 말하지 않습니다. 감정은 중요합니다. 저의 대답에는 세 가지 단계가 있습니다.

첫째, 기쁨 없음의 죄를 고백하십시오. "내 마음이 약해질 때에 땅 끝에서부터 주께 부르짖으오리니 나보다 높은 바위에 나를 인도하소서"(시 61:2). 마음이 냉담함을 인정하십시오. 우리가 어떻게 느끼는가는 중요하지 않다고 말하지 마십시오.

둘째, 순종하는 기쁨을 회복시켜 달라고 하나님께 간절히 기도하십시오. "나의 하나님이여 내가 주의 뜻 행하기를 즐기오니 주의 법이 나의 심중에 있나이다"(시 40:8).

셋째, 가서 당신이 해야 하는 바를 적극 행하되 그러한 임무 수행이 사라졌던 기쁨을 다시 불러일으키기를 소망하십시오.

이것은 "감정은 그다지 중요하지 않으니 가서 당신의 의무를 준행하십시오"라고 말하는 것과는 하늘과 땅 차이입니다. 제가 언급한 이 세 가지 단계는 각각 우리에게 위선(hypocrisy) 같은 게 있을 수 있음을 상정하고 있습니다. 이 단계들은 다음과 같은 믿음을 바탕에 깔고 있습니다. 곧 우리의 목표는 기쁨과 의무를 재결합하는 것이며, 그 둘의 분리를 합리화하는 것은 죄를 합리화하는 것이라는 믿음입니다.

그렇습니다. 하나님을 기뻐한다는 것은 죄악을 품은 마음으로는 결코 경험할 수 없는 일이라는 사실이 점점 분명해지고 있습니다. 하나님 안에서 기쁨을 경험하는 것은 우리의 본성과는 맞지 않습니다. 오히려 거스르는 일입니다. 본성에 따라 우리는 다른 것들을 쾌락하는 데 사로잡혀 있습니다. 죄의 종이 되고 말았습니다(롬 6:17).

본성에 따르면 우리는 지루하거나 흥미를 잃거나 불쾌한 대상에 대해 기뻐하기로 결정할 수 없습니다. 우리에게는 하나님이 그런 대상입니다. 그런 점에서 우리 같은 사람들이 기독교 희락주의자가 된다는 것은 전적으로 하나님의 주권적인 은혜가 가져다준 기적입니다. 그리스도인이 되는 것을 죽었다가 다시 살아나는 것으로 바울이 설명한 이유가 바로 이것입니다. "죄 때문에 영적으로 죽었던 우리를 그리스도와 함께 다시 살려 주셨습니다. 그래서 여러분은 하나님의 은혜로 구원을 받게 된 것입니다"(엡 2:5, 현대인의성경).

부자가 돈보다 하나님을 사랑하는 것은 낙타가 바늘귀를

통과하는 것보다 어렵다고 예수님께서 말씀하신 이유도 여기에 있습니다(막 10:25). 사실 낙타는 바늘귀를 통과할 수 없습니다. 그것은 죽은 자가 다시 살아나 걸어다닐 수 없는 것이나 마찬가지죠. 그래서 예수님은 "사람으로는 할 수 없으되 하나님으로는 그렇지 아니하니 하나님으로서는 다 하실 수 있느니라"(막 10:27)는 말씀을 덧붙이십니다.

그러므로 기독교 희락주의는 하나님의 주권을 전적으로 의지합니다. 기독교 희락주의는 우리를 향해 "여호와를 기뻐하라"는 명령을 들으라고 가르칠 뿐만 아니라 아우구스티누스처럼 기도하라고 가르칩니다. "주께서 원하시는 것을 명령하시옵소서. 그리고 명령하시는 것을 주시옵소서."[20]

아주 위험한 탐색에 나선 듯 완전무장을 한 채,
이를 악물고 기쁨을 끈질기게 추적하는
내 모습을 상상해 보라.

플래너리 오코너

4장

기쁨을 추구할 때
교만과 자기 연민이
사라집니다

인간이 모두 교만하다는 사실을 잘 아시는 하나님은 "세상의 천한 것들과 멸시 받는 것들과 없는 것들을 택하사…아무 육체도 하나님 앞에서 자랑하지 못하게"(고전 1:28-29) 하셨습니다. 그리스도인의 삶을 이해하는 다양한 시각 중에서 성경적이라 할 수 있는 것들은 하나같이 교만을 미워합니다. 기독교 희락주의도 이런 시각을 가지고 있습니다. 기독교 희락주의는 교만의 힘을 잠재웁니다.

교만은 이 세상에 맨 처음 나타난 악입니다. 이 교만을 주님이 어떻게 느끼시는지는 너무도 분명합니다. "나는 교만과 거만과 악한 행실과 패역한 입을 미워하느니라"(잠 8:13).

기독교 희락주의는 교만과 맞서 싸웁니다. 기독교 희락주의 시각에서 바라본 인간은 하나님이라는 샘 아래 놓여 채워지기만을 갈망하는 그릇과 같기 때문입니다. 은혜를 베푸는 사람은 자랑할 수 있습니다. 그러나 은혜를 받는 사람은 그럴 수 없습니다. 기독교 희락주의자가 가장 먼저 경험하게 되는 것이 있다면 자신에 대한 무기력과 절망과 갈망입니다. 전적으로 연약한 아이가 해변에서 파도에 휩쓸리려 한다면 곁에 있는 아버지는 아이를 적절한 때에 들어올려 지켜 줍니다. 아이는 자랑하지 않습니다. 아버지를 꼬옥 끌어안을 뿐입니다.

인간의 교만이 지닌 본성과 그 깊이는 '자랑'과 '자기 연민'을 비교해 보면 알 수 있습니다. 두 가지 모두 교만이 밖으로 드러난 것입니다. 자랑은 '성공했다'는 교만에서 나오는 반응입니다. 자기 연민은 '고난을 겪었다'는 교만에서 나오는 반응입니다. 자랑은 "나는 많은 성공을 이루었으니 칭찬받아 마땅해"라고 말합니다. 자기 연민은 "나는 많은 고난을 겪었으니 칭찬받아 마땅해"라고 말합니다. 자랑은 강자의 마음에서 울리는 교만의 음성입니다. 자기 연민은 약자의 마음에서 울리는 교만의 음성입니다. 자랑은 자기에게 부족함이 없다고 말합니다. 자기 연민은 자기를 희생시켰다고 말합니다.

자기 연민이 겉으로는 교만으로 보이지 않는 이유는 무언가 많이 부족해 보이기 때문입니다. 하지만 그 부족함은 상처받은 자아로부터 나온 것입니다. 자신을 무가치한 존재로 보는 시각에서 나오는 게 아니라, 자신이 가치 있으나 인정받지 못했다는 시각에서 나온 것입니다. 말하자면 박수를 받지 못한 교만에서 비롯된 반응입니다.

기독교 희락주의는 자기 연민의 뿌리를 제거해 줍니다. 사람들은 기쁨을 위해 고난을 받아들일 때에는 자기 연민을 느끼지 않습니다.

> 나로 말미암아 너희를 욕하고 박해하고 거짓으로 너희를 거슬러 모든 악한 말을 할 때에는 너희에게 복이 있나니 기뻐하고 즐거워하라 하늘에서 너희의 상이 큼이라 너희 전에 있던 선지자들도 이같이 박해하였느니라(마 5:11-12).

기독교 희락주의는 자기 연민의 뿌리를 찍어 버리는 도끼

입니다. 기독교 희락주의자는 그리스도 때문에 고난을 받아야 할 때, 영웅처럼 자신이 가진 모든 자원을 동원하지 않습니다. 기독교 희락주의자는 자기 아버지의 능력을 신뢰하고 기쁨을 상급으로 얻기 원하는 어린아이처럼 됩니다. 그리스도를 위해 가장 큰 고난을 받았던 사람들은 언제나 자신의 기독교 희락주의를 드러냄으로써 사람들의 칭찬과 자기 연민을 피해 갔습니다. 우리는 특별히 마지막 장에 등장하는 선교사들의 삶을 통해 이것을 살펴볼 예정입니다.

이러한 원리는 우리가 신실한 사람들과 함께 동역하는 동안 계속해서 목격할 수 있습니다. 예를 들어, 저는 어느 큰 교회의 예배당 2층에서 예배 안내자로 봉사하는 신학교 교수를 알고 있습니다. 한번은 그 교회의 목사가 봉사하는 그를 칭찬했습니다. 신학 박사 학위까지 있는 분이 아무 빛도 나지 않는 작은 일에 자원해 섬긴다는 것이었습니다. 교수는 시편의 한 구절을 인용하면서 겸손하게 목회자와 교인들의 칭찬을 사양했습니다.

> 주의 궁정에서의 한 날이 다른 곳에서의 천 날보다 나은즉 악인의 장막에 사는 것보다 내 하나님의 성전 문지기로 있는 것

이 좋사오니(시 84:10).

말하자면 이런 의미였습니다. "성전 문지기로 있는 것이 내키지 않지만 그럼에도 불구하고 제가 그 힘든 일을 훌륭하게 감당한다는 식으로 생각하시면 안 됩니다. 하나님의 말씀을 읽으면서 저는 이 일이 너무나 복되다는 걸 알았습니다. 그래서 저는 이 일을 통해 하나님 안에서 최고의 기쁨을 맛보고 있는 중입니다."

우리는 누군가가 자신을 아주 행복하게 만드는 어떤 일을 잘 감당했다고 해서 연민을 품거나 크게 칭찬하지는 않습니다. 교수가 그런 상황이었습니다. 자신이 행복해하는 일을 하고 있으니 사람들의 연민이나 칭찬을 받을 필요가 없었던 것입니다. 그렇다면 우리의 칭찬은, 단순히 만족스러운 경험을 하고 있는 사람에게로 향할 게 아니라 심령을 온전히 만족시키는 보화가 되신 분에게로 향해야 합니다.

무한한 즐거움을 주시는 분을 즐거워하는 것은 결코 칭찬 받을 일이 아닙니다. 영적으로 죽어 있지 않는 한 말입니다. 그러나 영적으로 죽어 있는 상태라면 해결책은 부활뿐입니다. 오직 하나님만이 죽은 자를 살리십니다. 그때 우리가 할 일은 무덤 밖으로 나와 달콤한 은혜의 공기를 마음껏 들이마시는 것뿐입니다.

대부분의 사람들은 기쁨을 얻고자 무언가를 행하는 것은 자기를 낮추는 경험임을 인정합니다. 예를 들어, 사업가가 친구들을 저녁 식사에 초대합니다. 식사 끝에 그가 계산서를 집어들자 다른 친구들은 혼자서 비용을 다 지불하려는 그를 한 목소리로 칭찬합니다. 사업가는 손을 내저으며 이렇게 말합니다. "그만들 하게." 그러면서 이렇게 덧붙입니다. "내가 좋아서 하는 일인걸."

만일 제가 기쁨을 얻고자 선한 일을 한다면, 교만해지고 싶은 충동 역시 사라질 것입니다. 그러한 충동을 깨뜨리는 것, 그것은 우리를 향한 하나님의 뜻이며, 기독교 희락주의가 그리스도인의 삶에서 그토록 중요한 한 가지 이유이기도 합니다.

5장

사랑하는 이의 기쁨이
우리의 기쁨이
되어야 합니다

지금까지 이야기한 내용을 정리해 보겠습니다. 우리가 하나님 앞에 나아갈 때 그것을 단지 의무로만 여긴다면, 그래서 하나님께서 주실 상급을 갈망하면서 나아가는 대신 하나님과의 교제를 오히려 우리가 베푸는 상급처럼 변질시킨다면 그것은 큰 잘못입니다. 하나님을 은혜 베푸시는 분으로 인정하고 높이는 게 아니라 오히려 하나님을 빈곤한 수혜자로 만들어 우리 자신을 하나님보다 높이는 것이 되니까요. 그것은 악한 일입니다.

하나님은 결코 부족함이 없는 분이십니다. 모든 것에 넉넉하신 하나님을 영화롭게 하는 유일한 방법은 주님께 나아가는 것입니다. 주님께 나아가되 의무감 때문이 아니라 주님이 어떤 분이신지 바로 알고 나아가야 합니다.

하나님은 어떤 분이십니까? 우리 주님 앞에는 기쁨이 충만하고, 주님의 오른편에는 영원한 즐거움이 있습니다. 이 사실을 깨닫고 마음으로 그 기쁨을 소망하면서 나아가야 합니다. 그것이 하나님을 영화롭게 하는 길입니다.

> 주의 앞에는 충만한 기쁨이 있고 주의 오른쪽에는 영원한 즐거움이 있나이다(시 16:11).

이것을 수직적인 기독교 희락주의라고 부를 수 있습니다. 하나님과 사람 사이에서, 즉 삶의 수직적인 축을 놓고 볼 때, 기쁨을 추구한다는 것은 단순히 바람직한 정도가 아닙니다. 그것은 힘써 지키도록 위임받은 명령입니다. 시편의 저자도 분명하게 말합니다. "여호와를 기뻐하라"(시 37:4). 이것은 명령입니다. 사람의 제일가는 목적은 하나님을 영원토록 즐거워함으로써(by) 그분을 영화롭게 하는 것입니다.

하지만 수평적인 측면에서 기독교 희락주의는 어떻습니까? 다른 사람들과의 관계에서 기독교 희락주의는 무엇을 해야 할까요? "네 이웃을 사랑하라"는 말씀처럼 선행을 베풀되 '아무 사심 없이' 선행을 베푸는 것이 사람들 사이에서 우리가 수행해야 할 이상적인 모습일까요? 아니면 '기쁨을 위해' 모든 사람을 사랑하며 주님의 명령을 수행하는 것이 이상적인 모습일까요? 하나님은 무엇을 기뻐하실까요?

기독교 희락주의는 이렇게 대답합니다. "기쁨을 추구하는 것이 모든 선한 일의 핵심 동기입니다. 만일 충만하고 영원한 기쁨을 추구하기를 포기해 버린다면, 우리는 진정으로 사람을 사랑하거나 하나님을 기쁘시게 할 수 없습니다."

한번은 제가 이것을 주제로 설교한 후에, 한 철학 교수가 다음과 같이 비판하는 편지를 보내 왔습니다.

> 기쁨을 추구하는 것이 마땅하기 때문에 기쁨을 추구해야 한다는 것인데, 그것도 도덕적 논쟁의 범주에서 벗어나지 않는 것으로 보입니다.… 제 생각은 이렇습니다. 우리가 선을 행하고 고결하게 살아야 하는 이유는 그것이 선하고 미덕이 되기 때문입니다. 선을 행한 것으로 하나님께서 축복하시고 우리가 기쁨

을 얻고 행복해지는 것은 선을 행한 결과이지 동기가 아닙니다.

또 다른 유명 저자는 이렇게 말합니다. "그리스도인에게 행복은 추구해야 할 목표가 결코 아닙니다. 행복이란 언제나 섬기는 삶에서 비롯되는 예기치 않은 깜짝 선물입니다."

이런 인용글들을 보면 기독교 희락주의자가 세대를 거스르고 있다고 흔히들 생각할 수 있습니다. 사람들은 기독교 희락주의가 오히려 성경적이지 못하고 참된 사랑과는 거리가 있으며 결국은 하나님의 영광을 가리게 된다고 생각합니다.

물론 성경의 일부 구절들은 기독교 희락주의가 말하는 내용과 정확히 반대되는 내용을 말하는 것처럼 보입니다. 예를 들면, 위대한 '사랑장'에서 사도 바울은 사랑은 "자기의 유익을 구하지 아니"(고전 13:5)한다고 말합니다. 이 구절대로 해석한다면, 만일 선을 행하기를 기뻐한다면 그것은 (자기의 유익을 구하는 것이므로) 사랑이 없음을 의미할까요?

미가 선지자에 따르면, 하나님은 우리에게 단순히 인자를 베풀라고 하시지 않고, 인자를 사랑하라고 명령하십니다. "사람아 주께서 선한 것이 무엇임을 네게 보이셨나니 여호와께서 네게 구하시는 것은 오직 정의를 행하며 인자를 사랑하며 겸손하게 네 하나님과 함께 행하는 것이 아니냐"(미 6:8). 성경의 한 구절에서는 사랑은 '자기의 유익을 구하지 말아야 한다'고 하고 다른 구절은 '인자를 사랑하라'고 하는데, 두 가지의 가르침이 배치되는 것처럼 보입니다. 그렇다면 '인자를 사랑하라'는 명령에 순종하려고 한다면, 우리가 선을 행하려고 할 때 사랑은 '자기의 유익을 구하지 말아야 한다'는 고린도전서 13장의 가르침에는 오히려 불순종하는 것이 될까요?

아닙니다. 그것은 결코 사도 바울의 생각이 아닙니다. 실제로 고린도전서 13장 3절을 보면, 바울은 우리의 유익을 얻고자 하는 마음에서 사랑이 비롯된다고 말합니다. "내가 내게 있는 모든 것으로 구제하고 또 내 몸을 불사르게 내줄지라도 사랑이 없으면 내게 아무 유익이 없느니라." 만일 진정한 사랑이 자기의 유익을 구하지 않는다면, "사랑이 없으면 내게 아무 유익이 없느니라"고 한 바울의 경고가 이상하게 들리지 않겠습니까?

바울의 가르침이 둘 다 맞다고 할 때, (사랑은 자기의 유익을 구하지 말아야 한다고 했으니) 사랑의 동기로 합당치 않은 '유익'이 있고, 반대로 (사랑이 없으면 아무 유익이 없다고 했으므로) 사랑의 동기로 합당한 '유익'도 있다고 생각해야 할까요? 그러면 합당한 유익이란 무엇입니까?

이에 대해 조나단 에드워즈가 설득력 있는 답변을 들려 줍니다.

> 어떤 의미에서 세상에서 가장 자비심 많고 관대한 사람은 다른 사람에게 선을 행하는 데서 자기의 행복을 추구하는 사람입니다. 왜냐하면 그는 자신의 행복을 다른 사람의 유익에 두기 때문입니다. 말하자면 그는 자기 마음에 다른 사람들을 기꺼이 담아 둘 만큼 크고 넓은 사람입니다. 그래서 그들이 행복하면 그도 행복을 느낍니다. 그들과 모든 것을 함께 나누면서, 그들이 행복해할 때 자신도 행복을 느낍니다.[21]

다시 말해, 사도 바울이 "사랑은 자기의 유익을 구하지 않는다"고 말한 것은, 사랑하는 일을 즐거워하지 말라는 의미가 아닙니다. 사랑은 다른 사람을 희생시켜 가면서 자신의 개인적인 위안이나 안락함을 추구하지 않는다는 의미입니다.

우리가 사랑 안에서 그리고 사랑으로부터 우리 자신의 기쁨을 얻기를 기대하면서 사랑을 실천한다고 해서, 사랑의 행위 그 자체가 지닌 도덕적 가치는 훼손되지 않습니다. 만일 자신의 기쁨을 위해 사랑을 실천하는 행위가 무가치해진다면, 사랑에 대한 아무 기대나 소망이 없는 악인은, 사랑 안에서 어떠한 기쁨도 취하지 않기에 순수한 사랑을 할 수 있다는 얘기가 되어 버립니다. 반면 사랑에 대한 기대와 소망을 가득 품은 선한 사람은, 사랑으로부터 기쁨을 얻으려 하기에 순수한 사랑을 하지 못할 뿐만 아니라 사랑을 파괴해 버린다는 얘기가 됩니다.

그러므로 고린도전서 13장 5절의, "사랑은 자기의 유익을 구하지 아니한다"는 말씀은 기독교 희락주의가 지향하는 바와 다르지 않습니다. 오히려 3절의 "내가 내게 있는 모든 것으로 구제하고 또 내 몸을 불사르게 내줄지라도 사랑이 없으면 내게 아무 유익이 없느니라"는 말씀을 통해 기독교 희락주의를 지지하고 명확히 해 줍니다. "참된 유익을 추구하는 것은 모든 선한 행실의 핵심 동기입니다."

여기서 '참된 유익'이란 무엇일까요? 고린도후서 8장에서 사도 바울은 참된 사랑이 언제나 하나님과 관계가 있으며, 그 하나님이 우리의 유익이 되심을 보여 주고 있습니다. 이 본문에서 드러나는 상황은 이렇습니다. 예루살렘에 가난한 성도들이 있어 바울이 그들을 위해 호소하자 마게도냐의 교회들이 풍성한 연보를 통해 참된 사랑을 보여 주었다는 것입니다.

이제 바울은 이 사랑의 본질이 무엇인가에 대해 고린도 교회에 설명하고 있습니다.

> 형제 여러분, 우리는 하나님께서 마케도니아 여러 교회에 베푸신 큰 은혜를 여러분에게도 알리려고 합니다. 그들은 온갖 어려운 시련과 가난에 쪼들리면서도 오히려 넘치는 기쁨으로 헌금을 많이 하였습니다. 나는 그들이 힘껏 헌금했을 뿐만 아니라 오히려 힘에 겹도록 헌금했다고 자신 있게 말할 수 있습니다. 그들은 예루살렘에 있는 성도들을 돕는 일에 참여하게 해 달라고 우리에게 여러 차례 부탁했습니다(고후 8:1-4, 현대인의 성경).*

---

* 형제들아 하나님께서 마게도냐 교회들에게 주신 은혜를 우리가 너희에게 알리노니 환난의 많은 시련 가운데서 그들의 넘치는 기쁨과 극심한 가난이 그들의 풍성한 연보를 넘치도록 하게 하였느니라 내가 증언하노니 그들이 힘대로 할 뿐 아니라 힘에 지나도록 자원하여 이 은혜와 성도 섬기는 일에 참여함에 대하여 우리에게 간절히 구하니(고후 8:1-4).

8절에서 바울은 말합니다. "나는 이 말을 명령으로 하는 것이 아닙니다. 다른 사람들의 열성을 말함으로써, 여러분의 사랑도 진실하다는 것을 확인하려고 하는 것뿐입니다"(새번역).*

바울은 마게도냐 교회들의 열심을 언급함으로써 고린도 교회의 사랑 역시 진실하다는 것을 증명하려 한다고 말합니다. 여기에 바울이 이해하는 진실한 사랑이 묘사되고 있습니다. 말하자면 고린도전서 13장의 사랑이 실제 삶에서 어떻게 드러나는지를 보여 주는 사례라고 할 수 있습니다. 마게도냐 교인들은 고린도전서 13장 3절 말씀, "내가 내게 있는 모든 것으로 구제하고 또 내 몸을 불사르게 내줄지라도"처럼 자신들의 소유물을 내주었습니다. 그런데 똑같은 일을 행하더라도 어느 때는 그것이 참된 사랑이 되고 다른 때는 참된 사랑이 아닐 수 있습니다. 다만 마게도냐 교회의 구제는 참된 사랑이었다고 합니다. 무엇이 그것을 참된 사랑의 행위로 만들었을까요?

---

* 내가 명령으로 하는 말이 아니요 오직 다른 이들의 간절함을 가지고 너희의 사랑의 진실함을 증명하고자 함이로라(고후 8:8,).

참된 사랑은 다음 네 가지 특성을 띱니다.

- 첫째, 그것은 하나님의 은혜의 사역입니다. "형제들아 하나님께서 마게도냐 교회들에게 주신 은혜를 우리가 너희에게 알리노니"(고후 8:1). 마게도냐 교회의 관대함은 그저 인간적인 연민에서 나온 것이 아니었습니다. 그것은 그들의 마음에 있던 은혜의 사역이었습니다.

- 둘째, 하나님의 은혜를 경험하면서 마게도냐 교인들은 기쁨이 충만해졌습니다. "환난의 많은 시련 가운데서 그들의 넘치는 기쁨과 극심한 가난이 그들의 풍성한 연보를 넘치도록 하게 하였느니라"(고후 8:2). 그들에게 기쁨이 넘친 것은 하나님이 그들을 경제적으로 풍성하게 해 주셨기 때문이 아니었습니다. 그들은 가난이 극심했습니다. 그럼에도 기쁨이 넘쳤습니다. 결국 그 기쁨은 재물이 아닌 하나님 안에서 맛보는 기쁨이었습니다.

- 셋째, 그들은 하나님의 은혜로 말미암아 흘러넘치는 기쁨에 겨워, 다른 사람의 필요를 넘치도록 채워 줄 수 있었습

니다. "그들의 넘치는 기쁨과 극심한 가난이 그들의 풍성한 연보를 넘치도록 하게 하였느니라"(고후 8:2). 결국 수평적으로 사람들을 향해 표현된 마게도냐 교회의 관대함은 하나님의 은혜에서 비롯된 기쁨이 흘러넘친 것이었습니다.

- 넷째, 마게도냐 교회들은 예루살렘 성도들을 위해 자신들의 빈약한 소유물이라도 아낌없이 내줄 수 있는 기회를 달라고 간청했습니다. "내가 증언하노니 그들이 힘대로 할 뿐 아니라 힘에 지나도록 자원하여 이 은혜와 성도 섬기는 일에 참여함에 대하여 우리에게 간절히 구하니"(고후 8:3-4). 다시 말해, 하나님으로 말미암은 그들의 기쁨은, 자원하여 구제하는 것으로 표출됐습니다. 그들은 기꺼이 주고자 했습니다. 그것이 그들의 기쁨이었습니다.

이제 우리는 하나님과도 관련 있을 뿐만 아니라 (사랑의 외적 행위가 반드시 따라오는) 감정이 담긴 사랑에 대해 정의내릴 수 있습니다. 즉 "사랑은 하나님에 대한 기쁨이 확장되고 넘쳐흐르는 것으로서, 다른 사람들의 필요를 기꺼이 채워 주고자 합니다." 사랑은 단지 수동적인 흘러넘침이 아니라 매우 저돌적으로 표현되고 확장되며 완성되는, 하나님에 대한 기쁨입니다. 그래서 예루살렘의 가난한 성도들에게까지 그 사랑이 미칠 수 있었습니다.

사람이 자기 몸을 불사르게 내줄지라도 사랑이 없을 수 있는 이유가 바로 여기에 있습니다(고전 13:3). 참된 사랑은 '하나님에 대한 기쁨'(또는 하나님 안에서의 기쁨)이 확장되고 흘러넘치는 것이어야 합니다. 사랑은 단지 의무를 위한 의무나 권리를 위한 권리가 아닙니다. 단순히 다른 사람의 유익을 바라보며 자신의 유익을 과감히 포기하는 것도 아닙니다. 사랑은 맨 먼저 하나님의 충만한 은혜를 깊이 경험함으로써 만족을 얻고, 그런 다음 하나님 안에서 맛본 그 기쁨이 다른 사람에게 확장되어 두 배의 만족을 경험하는 것입니다.

마게도냐 성도들은 기독교 희락주의가 말하는 '사랑'의 수고를 알았습니다. 하나님 안에서 맛본 기쁨이 확장되고 흘러넘쳐 다른 사람의 필요를 기꺼이 채우고자 하는 참된 사랑을 발견했던 것입니다.

그러므로 저는 이 자리에서 다음과 같이 분명하게 말할 수 있습니다. "만일 우리가 우리의 충만하고 영원한 기쁨을 추구하지 않고 포기한다면, 결단코 사람들을 사랑하거나 하나님을 기쁘시게 할 수도 없습니다."

하나님에 대한 기쁨이 확장되고 흘러넘쳐 다른 사람의 필요를 기꺼이 채우고자 하는 것이 사랑이라면, 이 기쁨을 추구하는 것을 포기하는 것이야말로 사랑을 추구하는 것을 포기하는 것입니다. 또 하나님께서 즐거이 내어 주는 자들을 기뻐하신다면, 이 즐거움을 추구하는 것을 포기하는 것은 하나님께서 기뻐하시지 않는 길로 향하는 것입니다. 만일 우리가 선을 행하되 즐거이 행하는지에 대해 관심을 두지 않는다면, 하나님을 기쁘시게 하는 일에도 관심이 없음을 드러내는 것입니다.

그러므로 기독교 희락주의자가 된다는 것은 수직적인 하나님과의 관계뿐만 아니라 수평적인 다른 사람들과의 관계에서도 기독교 희락주의자가 된다는 것을 의미합니다. 하나님에 대한 기쁨이 확장되고 넘쳐흘러서 다른 사람들의 필요를 기꺼이 채워 주고자 하는 것이 사랑이라면, 또 하나님께서 즐거이 내어 주는 자를 사랑하신다면, 그렇다면 이 내어 줌으로써 얻는 기쁨은 그리스도인의 의무이며, 그것을 추구하지 않는 것은 죄입니다.

이 시점에서 기독교 희락주의에 대해 쉽게 오해할 수 있는 부분을 지적하고자 합니다. 기쁨을 지나치게 강조하다보니 고통과 슬픔을 배제하는 것처럼 보여 마치 기독교 희락주의에는 눈물이 없는 것처럼 생각될 수 있습니다. 정말 그렇게 생각한다면 큰 실수입니다.

사도 바울은 자신의 삶을 이야기하면서 다음과 같은 표현을 사용합니다. "근심하는 자 같으나 항상 기뻐하고"(고후 6:10). 바울은 우리에게 "우는 자들과 함께 울라"(롬 12:15)고도 명령합니다. 멸망을 향해 가는 골육의 친척을 언급할 때에는 "나에게 큰 근심이 있는 것과 마음에 그치지 않는 고통이 있는 것을 내 양심이 성령 안에서 나와 더불어 증언하노니"(롬 9:1)라고 말합니다. 죄에 빠진 교회들을 향해 편지를 쓰면서 "내가 마음에 큰 눌림과 걱정이 있어 많은 눈물로 너희에게 썼노니"(고후 2:4)라고 고백합니다.

기독교 희락주의자가 누리는 만족은 다른 사람들의 아픔에도 동요하지 않는 신비주의의 평정심이 아닙니다. 타락하고 무익한 이 세대 속에서는 결코 채울 수 없는 만족입니다. 그리하여 하나님의 은혜의 향연을 끊임없이 갈망하고 또 갈망합니다. 심지어 하나님께서 지금 여기에서 허락하시는 만족의 정도는, 그것을 다른 사람들에게로 확장시키려는 충동, 만족할 줄 모르는 충동을 포함하고 있습니다(고후 8:4, 요일 1:4).[*]

그리스도인의 기쁨은, 다른 사람의 필요를 포착할 때면, 언제나 채워지지 않는 만족으로 모습을 드러냅니다. 그것은 그 필요를 채우고 다른 사람의 마음에 믿음의 기쁨을 가져다주기 위해 사랑 안에서 확장되기 시작합니다. 그러나 우리가 다른 사람의 필요를 포착하고 그 필요를 채움으로써 최종적으로 다른 사람의 마음에 기쁨이 회복되고 우리가 즐거워하기까지는 장애물이 있게 마련이고 시간의 간격도 있기 때문에, 그 사이에 눈물과 울음이 있게 마련입니다. 다른 사람을 향한 긍휼에서 비롯된 눈물은 기쁨을 다른 사람에게 확장시키는 동안에 불쑥 튀어나오는 기쁨의 눈물이라고 할 수 있습니다.

만일 우리가 다른 사람의 유익을 기뻐하지 않는다면, 그

---

* 그들은 예루살렘에 있는 성도들을 돕는 일에 참여하게 해 달라고 우리에게 여러 차례 부탁했습니다(고후 8:4, 현대인의성경).
  우리는 여러분과 함께 넘치는 기쁨을 나누려고 이 글을 써 보냅니다(요일 1:4, 현대인의성경)

유익이 방해를 받을 때에도 아무 고통을 느끼지 못할 테지요. 그러니 오해하지 마십시오. 사랑은 사랑하는 이가 하나님 중심의 유익을 가장 깊이 바라는 갈망을 채우고자 하는 열렬한 추구입니다. 기독교 희락주의는 "그리스도인에게 행복은 추구해야 할 목표가 결코 아닙니다. 행복이란 언제나 섬기는 삶에서 비롯되는 예기치 않은 깜짝 선물입니다"라고 말하는 그럴듯한 철학을 거부합니다.

세상의 그럴듯한 철학적 해석을 거부하는 가장 분명한 성경적 근거 중 하나가 사도행전 20장에서 사도 바울이 예수님의 말씀을 인용한 부분에 잘 나타납니다. 바울은 에베소 교회의 장로들에게 작별을 고하면서 많은 눈물로 마무리를 합니다. 그러면서 이렇게 말합니다. "범사에 여러분에게 모본을 보여 준 바와 같이 수고하여 약한 사람들을 돕고 또 주 예수께서 친히 말씀하신 바 주는 것이 받는 것보다 복이 있다 하심을 기억하여야 할지니라"(행 20:35).

'기억하라'는 표현을 깊이 묵상하지 않는다면, 우리는 이 마지막 인사말에 담긴 희락주의의 힘을 느끼지 못할 것입니다. 바울은 단순히 주는 것이 받는 것보다 복이 있다고 말하지 않았습니다. 그는 우리가 사랑의 수고를 할 때 이 사실을

'기억'하는 것이 매우 중요하다고 말했습니다. 이 사실을 마음에 담아 두십시오. 잊지 마십시오. 그래서 거기서 동기를 얻으십시오.

오늘날 대부분의 그리스도인들은 주는 것이 받는 것보다 복이 있다는 말씀에 동의합니다. 하지만 이 진리가 '동기가 되어야 한다'는 데 많은 사람들이 심각한 회의를 품고 있습니다. 그들은 주는 것의 '결과'로 복이 오는데, 오히려 이 사실이 동기가 될 경우, 베푸는 행위의 도덕적 가치가 훼손될 뿐만 아니라 우리가 돈을 바라는 자가 되지 않겠느냐고 말합니다. 그러나 사도행전 20장 35절의 '기억하라'는 말씀은 이러한 일반적 인식에 크게 제동을 겁니다. 사역자가 동기를 부여받아 일할 때 삯꾼이 되고 만다면, 바울은 왜 교회의 장로들에게 주는 것이 복됨을 '기억하라'고 말했을까요?

사도행전 20장 35절의 '기억하라'는 말씀을 존중한다면서도, 어떻게 사역에서 기쁨의 상급을 추구하는 것이 옳지 않다고 생각할 수 있는지 저는 모르겠습니다. 그와 반대로, 바울은 우리 앞에 기쁨을 확실하게 놓아 두어야 한다고 생각합니다. "기억하라. 주는 것이 받는 것보다 복되다는 사실을…."

바울이 이렇게 말한 한 가지 이유는, 우리의 삶에서 사랑할 때 치러야 할 대가가 너무 큰 나머지, 이 세상에서나 죽음 너머의 세상에서나 그리스도 중심의 기쁨에 대한 소망이 없으면 그 사랑이 지속될 수 없기 때문입니다. 바울은 말했습니다. "만일 그리스도 안에서 우리가 바라는 것이 다만 이 세상의 삶뿐이면 모든 사람 가운데 우리가 더욱 불쌍한 자이리라"(고전 15:19). 다시 말해, 죽음 너머 세상에서 받는 보상이 없다면 온갖 고통과 위험이 따르는 이 땅에서 사랑을 실천하는 삶은 말 그대로 바보 같은 삶이라는 것입니다.

그는 이러한 생각을 품고 주님을 따라갔습니다. 그의 예수님도 이와 동일한 방식으로 동기를 부여해 힘겨운 사랑을 실천하게 하셨으니까요. "그리하면 (가난한 자들에게 베풀면) 그들이 갚을 것이 없으므로 네게 복이 되리니 이는 의인들의 부활시에 네가 갚음을 받겠음이라 하시더라"(눅 14:14).

사랑에는 대가가 따릅니다. 사랑하려면 언제나 이 세상에서 자기를 부인해야 합니다. "자기의 생명을 사랑하는 자는 잃어버릴 것이요 이 세상에서 자기의 생명을 미워하는 자는 영생하도록 보전하리라"(요 12:25). 이 세상에서 사랑은 우리의 생명을 대가로 요구합니다. 그러나 장차 올 세상에서 얻게 될 영원한 생명이 주는 기쁨이 더 만족스러운 상급입니다. 기독교 희락주의는 영원한 유익이 잠시의 고통보다 더 가치가 있다고 주장합니다. 기독교 희락주의는 고통스럽고 우울한 현실에서만 풍성하게 나타나는 귀하고 아름다운 기쁨이 있다고 단언합니다. "눈에 눈물이 없으면 그 영혼에 무지개가 뜨지 않습니다." [22]

히브리서의 저자는 이것을 아주 분명하게 가르쳐 주었습니다.

자신의 소유를 빼앗길지 모르는 상황에서도 어떻게 갇힌 자를 긍휼히 여기는 마음을 품는 일이 가능할까요? 여기 1세기 교회가 알려 주는 정답이 있습니다. "너희가 갇힌 자를 동정하고 너희 소유를 빼앗기는 것도 기쁘게 당한 것은 더 낫고 영구한 소유가 있는 줄 앎이라"(히 10:34).

그 당시에 어떤 이들은 기독교로 회심한 후에 믿음을 지키느라 감옥에 갇혔습니다. 또 다른 이들은 매우 어려운 선택을 내려야 했습니다. 즉 지하로 숨어들어가 '안전하게' 지낼 것인지, 아니면 자신의 목숨과 재산을 모두 잃을 수 있지만 그럼에도 옥에 갇힌 형제자매들을 찾아갈 것인지를 선택해야 했습니다. 그들은 사랑의 길을 선택하고 위험을 감수했습니다. "너희가 갇힌 자를 동정하고 너희 소유를 빼앗기는 것도 기쁘게 당한 것은 더 낫고 영구한 소유가 있는 줄 앎이라." 희생하는 사랑의 비결은 기쁨이었습니다.

그런데 이 기쁨은 어디에서 왔을까요? 이것이 대답입니다. "더 낫고 영구한 소유가 있는 줄 앎이라." 여기서 '앎이라'(knowing)는 단어는 사도행전 20장 35절에 나오는 '기억하라'는 단어와 동일한 역할을 합니다. "주는 것이 받는 것보다 복이 있다 하심을 기억하여야 할지니라." 큰 희생을 감수하면서도 그리스도인들이 기꺼이 사랑의 수고를 아끼지 않은 이유는 하나님께서 그들에게 '더 낫고 영구적인' 상급을 주실 것을 '알았기' 때문입니다.

더 낫고 영구적인 기쁨을 추구함으로써 그들은 기꺼이 계속 사랑할 수 있는 힘을 얻었습니다.

히브리서 저자는 11장에서 모세의 사례를 들어 같은 사실을 재차 강조하고 있습니다.

> 믿음으로 모세는 장성하여 바로의 공주의 아들이라 칭함받기를 거절하고 도리어 하나님의 백성과 함께 고난받기를 잠시 죄악의 낙을 누리는 것보다 더 좋아하고 그리스도를 위하여 받

는 수모를 애굽의 모든 보화보다 더 큰 재물로 여겼으니 이는 상 주심을 바라봄이라(히 11:24-26).

하나님이 약속하신 상급을 기뻐하여 애굽에서 누리는 낙을 하찮은 것으로 여길 수 있었던 모세는 교회가 본받아야 할 인물입니다. 약속된 상급에 비하면 모세가 이 세상에서 누릴 수 있는 낙은 너무 단기적이고 작았습니다. 온전하고 항구적인 상급, 즉 그리스도 중심의 기쁨을 추구했기에 모세는 영원히 이스라엘을 사랑할 수 있었습니다. 그는 애굽에 남아서 평생을 안락하게 살 수 있었지만, 하나님의 백성들을 섬기며 말할 수 없는 고초를 감내했습니다. 사랑의 힘이 있었기에 그는 애굽에서 잠시 죄악의 즐거움을 누리기보다 하나님 앞에서 더욱 큰 즐거움을 누리기로 작정하고 또 그렇게 살 수 있었습니다.

히브리서 저자는 여기에서 그치지 않고 더 나아가 가장 놀라운 예시를 제시했습니다. 이 세상 역사에서 일어났던 가장 위대한 사랑의 행위, 즉 우리를 대신한 예수님의 고통스러운 죽음은 어떻게 가능했을까요? 대답은 마찬가지입니다. "믿음의 주요 또 온전하게 하시는 이인 예수를 바라보자 그는 그 앞에 있는 기쁨을 위하여 십자가를 참으사 부끄러움을 개의치 아니하시더니 하나님 보좌 우편에 앉으셨느니라"(히 12:2).

이 세상에서 일어난 가장 위대한 사랑의 수고는 예수님께서 그 앞에 놓인 말할 수 없는 기쁨을 추구하셨기에 가능했습니다. 즉 주님께 구속받은 사람들 앞에서 하나님 보좌 우편에 높이 앉는 기쁨이었습니다. 앞에 놓인 그 기쁨을 위해 예수님은 십자가를 참으셨습니다.

기독교 희락주의는 철저히 예수님처럼 사랑하는 것을 지향합니다. 우리는 이 세상에서 예수님을 움직였던 것보다 더 큰 동기가 있다고는 생각지 않습니다. 오늘날 이 세상에서 사랑을 가로막는 것은 무엇입니까? 우리 모두가 우리 자신을 기쁘게 하기 위해 살고 있다는 사실일까요? 아니요, 오히려 우리 모두가 너무 쉽게 기뻐한다는 것이 장애물이 되고 있습니다.

지붕에 올라가 세상을 향해 외쳐야 하는 메시지가 있습니다. 세상 사람들, 들으십시오. 여러분은 희락주의자가 되지 못했습니다. 여러분은 너무 쉽게 즐거워하고 맙니다. 여러분은 바닷가에서 휴일을 보내자고 청해도 그게 무슨 뜻인지 상상하지 못해 그저 빈민가 한구석에서 진흙 파이나 만들며 놀고 싶어 하는 철없는 아이와 같습니다. 여러분은 너무 쉽게 만족합니다. 자신을 위해 보물을 땅에 쌓아 두지 마십시오. 땅에서는 좀이 먹고 녹이 슬어 망가지며, 도둑들이 뚫고 들어와 훔쳐 갑니다. 그러므로 자신을 위해 보물을 하늘에 쌓아 두십시오. 거기에는 좀이 먹고 녹이 슬어서 망가지는 일이 없고, 도둑들이 뚫고 들어와서 훔쳐 가지도 못합니다(마 6:19-20).

인플레이션이라는 좀이 먹고 죽음이라는 녹이 슬어 고작 2퍼센트의 이율만 얻을 수 있는 즐거움에 만족하지 마십시오. 높은 이율과 고배당을 보장하는 하늘나라의 안전한 우량 상품에 투자하십시오. 우리의 삶을 물질적인 안락함과 짜릿함에 내어 주는 것은 보잘것없는 곳에 돈을 내버리는 것과 같습니다. 그러나 사랑의 수고에 투자한 삶은 그 무엇에도 뒤지지 않고 끝나지 않는 기쁨을 수확하게 될 것입니다. 비록 그것이 이 땅에서 우리의 재물과 목숨을 대가로 요구할지라도 말입니다.

그리스도께로 나아오십시오. 그분 앞에는 기쁨이 충만하며 영원한 즐거움이 있습니다. 기독교 희락주의자가 되어 사랑의 수고에 동참하십시오. 하늘과 땅의 주인이신 예수 그리스도께서 말씀하셨습니다. 사랑하며 사는 것이 화려하게 사는 것보다 더 복되다고 말입니다.

지금까지 이른바 기독교 희락주의라고 부르는 삶의 방식에 대해 대략 살펴보았습니다. 저는 그것이 수직적으로는 하나님과의 관계에서, 수평적으로는 사람들과의 관계에서 어떤 의미를 가지는지, 즉 기독교 희락주의가 모든 참된 예배와 덕목에서 핵심이라는 점을 어렴풋이나마 알려 드리려고 했습니다.

   기독교 희락주의는 하나님을 영화롭게 하고, 교만의 힘을 잠재웁니다. 그것은 마음의 감정을 매우 중요하게 여기며, 사랑의 대가를 기꺼이 치르게 합니다. 저는 기독교 희락주의가 철저히 성경적이며 오래전부터 존재해 온 삶의 방식임에도 불구하고 오히려 급진적이고 논란의 여지가 많은 것처럼 오해받고 있다는 점을 지적하려고 애썼습니다.

   이제는 우리 삶과 사역에서 기독교 희락주의가 어떻게 실제적인 영향력을 발휘하고 있는지 살펴보려고 합니다. 특별히 공동 예배, 결혼 생활, 돈, 선교, 이 네 가지 영역을 살펴보겠습니다. 기독교 희락주의의 시각이 참되다면, 이 네 영역에서도 하나님이 영광을 받으시고 그분의 백성들이 거룩해지는 열매들이 마땅히 나타날 것입니다.

주님, 주님께 돌아가 쉬기까지
우리는 참된 안식을 누릴 수 없나이다.

아우구스티누스

6장

기독교
희락주의와
예배

오래전부터 있어 온 기독교 희락주의에 대한 거부감 탓인지, 오늘날 많은 교회와 사람들의 마음에서 예배의 참된 정신이 사라지고 있습니다. 자기의 유익을 추구하지 않을 때에만 도덕적으로 고결한 행위가 가능하다는 식의 개념을 대부분이 가지고 있습니다. 이는 우리가 참된 예배를 드리지 못하도록 방해하는 큰 적입니다.

예배는 사람이 행할 수 있는 가장 고결한 도덕적 행위입니다. 그런데 많은 사람들이 생각하는 참된 예배의 유일한 동기와 근거는 다른 어떤 것도 배제한 채 오직 의무감으로만 이행해야 한다는 도덕적 개념입니다. 그러나 예배를 다른 어떤 것에도 관심을 가져서는 안 되는 그저 냉담한 의무로 축소할 때, 그것은 더 이상 예배가 될 수 없습니다. 예배란 그리스도 안에서 하나님의 영광스러운 완전하심을 즐기는 향연이기 때문입니다.

우리가 단순한 의무감에서 하나님과 교제하는 숭고한 시간들을 기념할 때 하나님은 영광을 받지 않으십니다. 그 시간이 우리의 기쁨이 될 때, 하나님은 영광을 받으십니다. 그러므로 예배 가운데 하나님을 영화롭게 하기 원한다면, 예배에서 기쁨을 얻으려는 우리의 시도가 예배의 도덕적 가치를 훼손할까 봐 두려운 나머지 그저 의무감으로만 무심하게 하나님을 구해서는 안 됩니다. 오히려 우리는 희락주의자답게 하나님을 구해야 합니다. 목마른 사슴이 (헐떡거리며) 시냇물을 찾듯, 하나님을 뵙고 맛보는 기쁨을 위해 하나님을 구해야 합니다. 예배란 "여호와를 기뻐하라"(시 37:4)는 하나님의 명령에 순종하는 것, 그 이상도 이하도 아닙니다.

덕목에 대한 오해는 예배의 정신을 질식시킵니다. 자기 유익을 구하지 않는 것이 미덕이고 즐거움을 추구하는 것은 악덕이라는 막연한 개념을 가진 사람은 예배를 드릴 수 없습니다. 예배는 희락주의자가 삶에서 행할 수 있는 최고의 것이며, 자기 유익을 구하는 일에 냉담해야 한다는 생각으로 인해 훼손되어서는 안 되기 때문입니다. 예배의 가장 큰 장애물은 우리가 기쁨을 추구하는 사람이 되는 것이 아닙니다. 예배의 가장 큰 장애물은 우리가 보잘것 없는 즐거움에 안주하는 것입니다.

매 주일 오전 11시마다 히브리서 11장 6절과 자기 유익을 구하지 않는 미덕 사이에 전투가 벌어집니다. "믿음이 없이는 하나님을 기쁘시게 하지 못하나니 하나님께 나아가는 자는 반드시 그가 계신 것과 또한 그가 자기를 찾는 자들에게 상 주시는 이심을 믿어야 할지니라"(히 11:6). 상급을 바라보며 하나님께 나아가지 않는다면 하나님을 기쁘시게 할 수 없습니다. 그러므로 하나님을 기쁘시게 하는 예배란 희락주의자가 되어 하나님을 추구하는 것입니다. 주님은 우리의 가장 큰 상급이십니다. 그분 앞에는 기쁨이 충만하고 주의 보좌 우편에는 영원한 '즐거움'이 있습니다. 예수님 안에서 하나님이 우리의 전부가 되심을 만족하는 것이 진정한 예배 경험의 핵심입니다. 예배는 기독교 희락주의의 향연입니다.

다음은 공동 예배에서 우리가 살펴봐야 할 세 가지 내용입니다.

첫째, 예배가 약해지는 진짜 원인은 사람들이 얻기 위해서가 아니라 드리기 위해 나아오기 때문입니다. 적지 않은 목회자들이 성도들을 향해 얻기 위해서가 아니라 드리기 위해 하나님께 나아오라고 꾸짖습니다. 그래야 생명력 있는 예배가 된다고요. 그러나 이것은 정확한 진단이 아닙니다.

우리는 얻기 위해 공동 예배로 '나아가야' 합니다. 하나님을 갈급해 하며 나아와야 합니다. "하나님이여 사슴이 시냇물을 찾기에 갈급함같이 내 영혼이 주를 찾기에 갈급하니이다"(시 42:1)라고 고백하며 하나님께 나아와야 합니다.

하나님이 없다면 우리가 굶주림과 갈급함으로 죽을 수밖에 없음을 알 때, 하나님은 큰 영광을 받으십니다. 그리고 그런 사람들을 위해 향연을 베푸는 것이 설교자로서 제가 해야 할 일입니다. 저는 갈급함에 시달리는 성도들에게 그들이 실제로는 하나님께 굶주려 있음을 성경을 통해 알려 주고, 제대로 깨달을 때까지 잘 먹이는 일을 감당해야 합니다. 그것이 예배입니다.

둘째, 하나님 안에서 만족을 누리는 것, 그것이 예배의 핵심임을 알 때, 우리의 공동 예배는 하나님 중심의 예배로 급격히 변모하게 될 것입니다.

오직 하나님만이 우리의 갈급한 마음에 만족을 주실 수 있음을 깨달을 때, 그래서 재물이나 명예나 가족이나 일이나 건강이나 친구조차 우리 마음에 결코 만족을 주지 못함을 깨달을 때, 하나님은 최고의 존재가 되시며 우리 예배의 중심에 자리를 잡으실 것입니다. 이러한 확신이 있을 때, 우리는 주일 아침마다 하나님을 찾고자 큰 열심을 내게 될 것입니다.

만일 우리의 초점이, 하나님께서 그분 자신을 우리에게 주시는 것 대신에 우리가 하나님께 드리는 것으로 옮겨진다면, 우리 예배의 중심에는 어느새 하나님 대신 우리가 자리하게 됩니다. 우리가 하나님께 무엇을 드리느냐가 더 중요한 문제가 되고 맙니다.

우리는 주님께 합당한 찬양을 드리고 있습니까? 연주자들은 주님께 드릴 선물로서 합당한 연주를 하고 있습니까? 설교는 주님께 드리기에 합당합니까? 이 모든 물음들이 처음에는 고상하게 들립니다. 그러나 조금씩 시간이 흐르면서 우리의 초점은 우리에게 절대적으로 중요한 우리 주님으로부터 멀어지고 다른 곳으로 옮겨 가게 됩니다. 바로 우리 자신에게로 옮겨 갑니다. 하나님보다 하나님께 드리는 우리의 행위가 어떠한가가 더 중요해질 것입니다. 심지어 우리의 예술 행위가 얼마나 전문성을 갖추었느냐 하는 것이 예배의 탁월함과 능력을 재는 잣대가 되기 시작할 것입니다.

하나님을 예배의 중심에 모시는 길은 다른 것이 없습니다. 우리가 마음 깊이 그리고 중심으로 하나님을 만족하느냐가 예배의 핵심임을 확신하는 것입니다. 우리가 함께 모여 예배하는 이유가 하나님 안에서 만족을 추구하기 위함임을 확신하는 것입니다.

셋째, 기독교 희락주의는 마음으로부터 나오는 예배 행위가 다른 목적을 위한 수단이 아니라 우리의 목적 그 자체임을 알게 해 줍니다. 그럼으로써 예배가 얼마나 중요하며 다른 것보다 우선하는지를 잊지 않게 합니다.

예배의 핵심이 하나님 안에서 만족하는 것이라면, 예배는 결코 다른 것을 위한 수단이 될 수 없습니다. 그러므로 하나님께 이렇게 말해서는 안 됩니다. "저는 주님 안에서 만족을 찾기 원합니다. 그러면 다른 것들을 얻을 수 있겠죠." 이런 말은 결국 우리가 하나님이 아닌 다른 것에서 진정한 만족을 얻으려 한다는 의미가 되니까요. 정말 그렇다면 그것은 하나님을 예배하는 것이 아니라 오히려 하나님을 모욕하는 일이 될 것입니다.

그러나 실제로는 많은 성도들과 목회자들이 주일 아침의 '예배'를 목적 그 자체가 아니라 다른 어떤 것을 성취하는 수단으로 생각하고 있습니다. 우리는 돈을 모금하기 위해 '예배'를 드립니다. 많은 사람들의 관심을 끌기 위해 '예배'를 드립니다. 사람들의 상처를 치유하기 위해 '예배'를 드립니다. 일꾼들을 모으기 위해 '예배'를 드립니다. 재능 있는 음악가들에게 소명을 이루는 기회를 제공하고자 '예배'를 드립니다. 자녀들에게 의의 길을 가르치기 위해 '예배'를 드립니다. 건강한 결혼 생활을 돕기 위해 '예배'를 드립니다. 잃은 양을 찾기 위해서도 '예배'를 드립니다. 교회에서 가족 같은 분위기를 느끼게 하기 위해 '예배'를 드립니다. 그뿐일까요?

이 모든 것들이 하나님을 무시하고 예배를 멍들게 하는 이유가 됩니다. 하나님을 향한 진실한 감정들은 그 자체로 목적이 됩니다. 저는 아내에게 이렇게 말할 수 없습니다. "나는 당신에게서 정말 큰 기쁨을 느낀다오. 그래야 당신이 내게 맛있는 음식을 해 줄 테니 말이오." 이것은 제대로 된 기쁨이 아닙니다. 기쁨은 아내에게로만 향하고 아내에게서 멈춰야 합니다. 아내가 해 주는 맛있는 음식이 기쁨의 근거가 되어서는 안 됩니다. 또 저는 아들에게 이렇게 말할 수 없습니다. "나는 너와 야구를 하는 것이 정말 좋단다. 그래야 네가 잔디를 깎아 줄 테니 말이다." 만일 제 마음이 아들 녀석과 노는 것을 진심으로 기뻐한다면, 그 기쁨은 결코 아들로 하여금 다른 것을 행하게 하는 수단으로 표현되어서는 안 됩니다.

저는 공동 예배가 교회에 많은 유익을 가져다준다는 사실을 부인하지 않습니다. 공동 예배는, 결혼에 있어 진실한 감정이 그렇듯, 모든 것을 더 좋게 변화시킵니다. 요점은, 우리가 이런 좋은 것들을 바라보고 예배를 드린다면, 그것이 더 이상 참된 예배가 아니라는 점입니다. 하나님 안에서 만족을 누리는 것을 예배의 중심에 둘 때 우리는 그러한 비극을 피할 수 있습니다.

7장

기독교
희락주의와
결혼

우리 주변에서 비극적인 결혼 생활을 하는 부부들을 보면, 문제의 원인이 서로 자신만의 즐거움을 추구하는 데 있는 게 아니라, 배우자의 기쁨 안에서 자신의 기쁨을 구하려 하지 않는 데 있습니다. 남편과 아내를 향해 성경은 배우자가 기뻐하는 것으로 자기의 기쁨을 삼으라고 명령합니다. 이 결혼 생활은 기독교 희락주의의 모체가 되어야 합니다.

에베소서 5장의 결혼 생활에 관한 본문만큼 기독교 희락주의를 잘 표현하는 구절도 없습니다.

남편들아 아내 사랑하기를 그리스도께서 교회를 사랑하시고 그 교회를 위하여 자신을 주심같이 하라 이는 곧 물로 씻어 말씀으로 깨끗하게 하사 거룩하게 하시고 자기 앞에 영광스러운 교회로 세우사 티나 주름 잡힌 것이나 이런 것들이 없이 거룩하고 흠이 없게 하려 하심이라 이와 같이 남편들도 자기 아내 사랑하기를 자기 자신과 같이 할지니 자기 아내를 사랑하는 자는 자기를 사랑하는 것이라 누구든지 언제나 자기 육체를 미워하지 않고 오직 양육하여 보호하기를 그리스도께서 교회에게 함과 같이 하나니 우리는 그 몸의 지체임이라(엡 5:25-30).

성경은 남편들을 향해 그리스도께서 교회를 사랑하신 것 같이 아내를 사랑해야 한다고 말합니다. 그리스도께서 교회를 어떻게 사랑하셨습니까? "그리스도께서 교회를 위하여 자신을 주셨다"고 합니다. 왜 그렇게 하셨습니까? 교회를 "깨끗하게 하사 거룩하게 하시기" 위해서라고 합니다. 그런데 교회가 그렇게 되면 무슨 일이 일어나는 걸까요? "자기(그리스도) 앞에 영광스러운 교회로" 설 수 있다고 합니다.

그렇습니다. 그리스도는 "앞에 있는 기쁨을 위하여 십자가를 참으셨습니다"(히 12:2). 그것은 어떤 기쁨입니까? 그리스도의 신부인 교회와 결혼하는 기쁨입니다. 예수님은 더럽고 부정한 아내를 원하지 않으십니다. 그래서 약혼녀를 '깨끗하고 거룩하게' 하여 자기 앞에 '영광스러운' 아내로 세우기 위해 기꺼이 죽으셨습니다.

그러면 교회의 궁극적인 기쁨은 무엇입니까? 깨끗하고 거룩하게 되어, 주권자이시며 영광스러운 그리스도 앞에 신부로 서는 것이 아닐까요? 그러므로 그리스도는 기쁨을 추구하시되 교회의 기쁨 안에서 자신의 기쁨을 찾고자 하셨습니다. 그것이 바로 사랑이 행하는 일입니다. 사랑은 사랑하는 이의 기쁨 안에서 자기의 기쁨을 구합니다.

에베소서 5장 29-30절에서 사도 바울은 그리스도의 희락주의를 보다 자세히 설명합니다. "누구든지 언제나 자기 육체를 미워하지 않고 오직 양육하여 보호하기를 그리스도께서 교회에게 함과 같이 하나니 우리는 그 몸의 지체임이라." 왜 그리스도는 교회를 양육하고 보호하실까요? 우리는 그리스도의 몸을 이루는 지체인데, 자기 몸을 미워하는 사람은 아무도 없기 때문입니다. 달리 말하면, 그리스도와 그분의 신부 사이의 연합은 매우 단단해(즉, '한 몸'이어서), 신부에게 유익한 일은 곧 그리스도 자신에게도 유익한 일이 됩니다. 이 본문에 따르면, 그리스도가 이런 사실을 아셨기에 그의 신부를 양육하고 보호하고 거룩하게 하며 깨끗하게 하려 하신다는 것입니다.

이것은 우리가 흔히 알고 있는 '사랑'의 개념과는 많이 다릅니다. 일반적인 개념에서 사랑은 자기의 유익을 구하지 않습니다. 특히 그리스도의 사랑, 갈보리 사랑을 생각하면 그렇습니다. 저는 이 성경 구절에 부합하는 사랑의 개념을 여지껏 본 적이 없습니다. 이 본문에서는 그리스도가 그의 신부를 위해 행하시는 일을 가리켜 분명히 사랑이라고 말합니다. "남편들아 아내 사랑하기를 그리스도께서 교회를 사랑하시고 그 교회를 위하여 자신을 주심같이 하라"(25절). 그렇다면 윤리학이나 철학에서 사랑의 정의를 가져오는 대신, 이 본문이 말하는 바에 따라 사랑을 정의해 봅시다.

이 본문에 따르면, 사랑은 사랑하는 이의 거룩한 기쁨 안에서 우리의 기쁨을 추구하는 것입니다. 사랑은 자기 유익(self-interest)과 떼려야 뗄 수 없습니다. 여기서 자기 유익은 이기심(selfishness)과는 다릅니다. 이기심은 다른 사람을 희생시켜 자기의 행복을 추구하는 것입니다. 사랑은 사랑하는 이의 행복 '안에서만' 자기의 행복을 구합니다. 사랑하는 이의 삶에 기쁨이 충만해질 수 있다면 사랑하는 이를 위해 기꺼이 고통받고 죽을 수도 있습니다.

남편이 그리스도께 순종하는 사람이 되려면, 그리스도가 교회를 사랑하신 것같이 아내를 사랑해야 합니다. 즉 아내의 거룩한 기쁨 안에서 자신의 기쁨을 추구해야 합니다. "이와 같이 남편들도 자기 아내 사랑하기를 자기 자신과 같이 할지니 자기 아내를 사랑하는 자는 자기를 사랑하는 것이라"(28절). 다른 말로, 남편은 자기의 행복을 위해서라면 누가 시키지 않아도 시간과 에너지와 창의력을 쏟을 텐데, 그와 동일한 시간과 에너지와 창의력을 아내의 행복을 위해 쏟아야 한다는 것입니다. 이렇게 할 때 그 결과로 자신들도 행복해질 것입니다. 결국 아내를 사랑하는 남편은 자기 자신을 사랑하는 것이 됩니다. 아내는 남편과 한몸이므로 아내의 남편 사랑에도 이와 동일한 원리가 적용됩니다.

사도 바울은 희락주의의 강물을 결코 막으려 하지 않았습니다. 오히려 잘 흐르도록 수로를 냈습니다. 그는 말합니다. "남편들과 아내들이여, 결혼을 통해 여러분은 서로 한몸이 되었습니다. 그런데 여러분이 배우자를 희생해 가면서까지 자신만의 즐거움을 위해 살려 한다면, 그것은 오히려 자기 자신을 거슬러 살아가는 것이며 자신이 누릴 기쁨을 피괴하는 것입니다. 하지만 배우자가 거룩한 기쁨을 누리도록 하기 위해 마음을 다해 수고한다면, 그것은 여러분이 자신의 기쁨을 위해 살아가는 것이기도 하거니와 그리스도와 교회의 참된 모습을 닮아 가는 결혼 생활을 만들어 가는 것입니다."

이것이 하나님께서 계획하신 결혼 생활의 모습입니다. 사랑하는 사람의 거룩한 기쁨 안에서 우리의 기쁨을 추구함으로써 하나님의 영광이 나타나게 합시다.

8장

기독교
희락주의와
돈

돈은 기독교 희락주의의 화폐입니다. 이것으로 무엇을 하느냐, 혹은 무엇을 하고 싶으냐에 따라 우리는 영원히 행복해질 수도 불행해질 수도 있습니다. 성경은 돈에 대한 우리의 생각이 우리를 파괴할 수도 있다고 분명히 말합니다. "부하려 하는 자들은 시험과 올무와 여러 가지 어리석고 해로운 욕심에 떨어지나니 곧 사람으로 파멸과 멸망에 빠지게 하는 것이라"(딤전 6:9).

이 구절은 우리에게 가장 크고 오래가는 유익을 가져다주는 방식으로 돈을 사용하라고 가르칩니다. 즉 기독교 희락주의를 대변하는 말씀입니다. 우리가 파멸로부터 벗어나 충만하고 영원한 기쁨을 추구하는 것은 하나님께서 허락하신 일일 뿐만 아니라 몸소 명하신 일임을 확인해 주고 있습니다. 이 말씀에 따르면, 세상에 있는 모든 악은 행복에 대한 우리의 갈망이 너무 지나쳐서가 아니라, 반대로 너무 미약한 나머지 돈이 가져다주는 하찮은 즐거움에 안주해 버린 결과로 생겨났습니다. 돈은 우리의 가장 깊은 곳에 내재하는 갈망을 결코 채워 주지 못하고 결국에는 우리 영혼을 파괴해 버립니다. 우리가 하나님을 사랑하기보다 돈을 사랑함으로써 그것에 안주하는 사람이 될 때 돈은 일만 악의 뿌리가 됩니다(딤전 6:10).

그러므로 디모데전서 6장 5-10절의 말씀을 보다 꼼꼼히 살펴볼 필요가 있습니다. 사도 바울은 디모데에게 다음과 같은 것들을 경계하라고 권면합니다.

> 마음이 부패하여지고 진리를 잃어버려 경건을 이익의 방도로 생각하는 자들의 다툼이 일어나느니라 그러나 자족하는 마음이 있으면 경건은 큰 이익이 되느니라 우리가 세상에 아무것도

가지고 온 것이 없으매 또한 아무것도 가지고 가지 못하리니 우리가 먹을 것과 입을 것이 있은즉 족한 줄로 알 것이니라 부하려 하는 자들은 시험과 올무와 여러 가지 어리석고 해로운 욕심에 떨어지나니 곧 사람으로 파멸과 멸망에 빠지게 하는 것이라 돈을 사랑함이 일만 악의 뿌리가 되나니 이것을 탐내는 자들은 미혹을 받아 믿음에서 떠나 많은 근심으로써 자기를 찔렀도다.

사도 바울은 디모데에게 경건을 구실로 이익을 얻을 수 있음을 알아낸 교활한 사기꾼을 경계하라고 합니다. 5절에 따르면, 이런 사람들은 경건을 이익의 수단으로 여깁니다. 그들은 돈을 지나치게 탐닉한 나머지 진리를 생각하거나 돌아볼 여지가 거의 없습니다. 그들은 진리를 기뻐하지 않습니다. 그들은 탈세를 즐거워합니다. 사람들 사이에서 새롭게 떠오르는 관심사를 이용해 돈을 벌 생각만 합니다. 수익이 크기만 하다면 사람들을 호도하는 광고 전략쯤은 문제 삼지 않습니다. 돈을 벌 수만 있다면 경건을 파는 것도 서슴지 않습니다.

사도 바울은 경건을 이용해 이익을 얻으려는 이런 시도에 다음과 같이 맞대응할 수도 있었습니다. "그리스도인은 옳다는 사실 하나만으로도 기꺼이 옳은 일을 행해야 합니다. 그리스도인은 결코 이익 때문에 흔들려서는 안 됩니다." 그러나 바울은 그렇게 말하는 대신 "자족하는 마음이 있으면 경건은 큰 이익이 되느니라"(6절)고 대답했습니다. 그리스도인은 이익을 위해 살지 않는다고 말하는 대신, 그리스도인은 돈을 사랑하는 교활한 자들보다 '더 큰 이익'을 위해 살아야 한다고 말합니다. 경건은 이 '큰 이익'을 얻는 방도가 됩니다. 다만, 우리가 부를 탐하기보다 스스로 만족을 누릴 때에만 그렇습니다. "자족하는 마음이 있으면 경건은 큰 이익이 되느니라."

만일 우리에게 있는 경건이 부에 대한 욕심을 제거하고 우리가 가진 것에 만족하는 데 도움이 된다면, 그 경건은 말할 수 없이 큰 이익이 됩니다. "육체의 연단은 약간의 유익이 있으나 경건은 범사에 유익하니 금생과 내생에 약속이 있느니라"(딤전 4:8). 물질적인 부에 대한 욕심을 이기게 하는 경건은 엄청난 영적인 부를 가져다줍니다. 6절의 핵심은 부를 추구하지 않는 것이 매우 유익하다는 것입니다.

그 다음에 이어지는 7-10절 말씀은 우리가 부를 추구하지 말아야 하는 세 가지 이유를 알려 줍니다.

그런데 먼저 분명히 해 둘 것이 있습니다. 많은 합법적인 사업들이 고도로 집적된 거대 자본을 기반으로 시작됩니다. (수천 명을 고용하고 좋은 상품을 만들어 내는) 공장 하나를 새로 세우는 데도 수십억 원이 듭니다. 그래서 재무 담당자들은 사업자금 마련과 조달에 무엇보다 신경을 씁니다.

부를 쌓고자 하는 욕망을 성경이 정죄한다고 해서, 자본을 크게 확충하려는 목적으로 수익 극대화를 꾀하는 사업 자체를 비난한다고 생각해서는 안 됩니다. 사업자들은 개인의 부를 쌓는 데에만 욕심을 낼 수도 있고, 또는 생산성을 높여 사람들에게 유익을 주고자 하는 보다 크고 고상한 동기를 품을 수도 있습니다.

유능한 사업가가 고소득이 보장된 직업을 선택하더라도, 단지 부를 바라는 그의 욕심을 무조건 비난해서는 안 됩니다. 그는 권력과 지위와 화려한 삶을 누리고 싶어 그 직업을 선택했을 수 있지만, 오히려 자기가 가진 것에 만족하고, 남는 돈을 입양기관이나 장학금 또는 선교나 빈민 사역을 위한 헌금으로 쓰려고 할 수도 있습니다.

그리스도를 위해 돈을 벌 목적으로 일하는 것은 단순히 부자가 되고 싶은 욕심과는 다릅니다. 사도 바울은 우리와 다른 사람의 필요를 채울 목적으로 돈을 벌려고 하는 시도를 책망하는 게 아닙니다. 돈을 더 많이 '소유함으로써' 자신을 높이고 그 재물로 사치를 누리려고 하는 욕심을 책망하는 것입니다.

그러면 이제 7-10절에서, 바울이 경고한 바, 부자가 되기를 열망해서는 안 되는 세 가지 이유에 대해 살펴봅시다.

첫째, 바울은 7절에서 이렇게 말합니다. "우리가 세상에 아무것도 가지고 온 것이 없으매 또한 아무것도 가지고 가지 못하리니." 장례식에서 이삿짐 트럭을 끌고 가는 영구차는 없습니다. 시신 한 구만 달랑 싣고 갈 뿐입니다.

이 세상에서 부를 쌓기 위해 자신을 다 바치는 사람은 어리석은 사람입니다. 그는 현실감이 없는 사람입니다. 우리는 이 세상에 태어난 그대로 다시 돌아갈 테니까요. 어느 날 갑작스런 비행기 사고로 태평양 한가운데로 추락한 승객들을 생각해 보십시오. 그들은 철저히 홀홀단신으로 하나님 앞에 설 것입니다. 그들이 가지고 있던 비자카드, 수표와 현금, 은행에서 VIP로 대접받을 만한 신용, 값비싼 의복, 성공 안내서, 특급호텔 숙박권 등이 하나도 남아 있지 않습니다. 정치인, 경영인, 바람둥이, 선교사 자녀 등 각계각층의 사람들이, 양손은 철저히 무일푼인 채 오직 마음에 품고 있는 것만 가지고 하나님 앞에 나아갑니다. 그날에 돈을 무척이나 사랑하던 사람은 얼마나 어리석고 비참해 보일까요?

사도 바울은 부를 얻고자 노력하느라 귀한 삶을 낭비하지 말라고 합니다. "우리가 세상에 아무것도 가지고 온 것이 없으매 또한 아무것도 가지고 가지 못하기" 때문입니다.

둘째, 8절에서 바울은 우리가 부를 추구하면 안 되는 또 다른 이유를 제시합니다. "우리가 먹을 것과 입을 것이 있은즉 족한 줄로 알 것이니라." 그리스도인은 삶에 필요한 기본적인 것으로 만족할 수 있어야 하고 또 그래야 합니다. 하나님을 가까이 모시는 데 있어, 별도의 돈이나 재물이 있다고 해서 우리에게 평안과 안전이 보장되지 않습니다. 히브리서 13장은 이 핵심 진리를 분명하게 밝힙니다.

> 돈을 사랑하지 말고 있는 바를 족한 줄로 알라 그가 친히 말씀하시기를 내가 결코 너희를 버리지 아니하고 너희를 떠나지 아니하리라 하셨느니라 그러므로 우리가 담대히 말하되 주는 나를 돕는 이시니 내가 무서워하지 아니하겠노라 사람이 내게 어찌하리요 하노라(히 13:5-6).

하나님은 금보다 더 귀한 분이십니다. 금이야 시세가 오르내릴 수 있겠지만 하나님은 변함없이 가장 귀한 분으로 존재하십니다. 그 귀한 하나님께서 우리가 돈을 사랑하게 되는 올무에서 벗어나도록 돕겠다고 약속하십니다. 그 약속이 우리를 지켜 줍니다.

부를 추구하지 말아야 하는 세 번째 이유는, 돈을 추구하다가는 우리 인생이 파멸로 끝날 것이기 때문입니다. 이것이 9-10절 말씀의 핵심입니다.

> 부하려 하는 자들은 시험과 올무와 여러 가지 어리석고 해로운 욕심에 떨어지나니 곧 사람으로 파멸과 멸망에 빠지게 하는 것이라 돈을 사랑함이 일만 악의 뿌리가 되나니 이것을 탐내는 자들은 미혹을 받아 믿음에서 떠나 많은 근심으로써 자기를 찔렀도다(딤전 6:9-10).

기독교 희락주의자라면 어느 누구도 파멸과 멸망에 빠지는 걸 원하지 않습니다. 부를 사랑하다가 많은 근심으로 자기를 찌르는 걸 원하지도 않습니다. 그러므로 기독교 희락주의자는 단순히 부유해지는 것을 바라지 않습니다. 그 대신 우리는 예수님께서 가르치신 방법대로 우리의 기쁨을 극대화하는 데 돈을 사용하기 원합니다. 예수님은 투자를 반대하지 않으십니다. 주님은 잘못된 투자, 즉 이 세상에서 돈이 줄 수 있는 평안과 안전에 우리가 마음 두는 것을 반대하십니다. 돈은 하늘의 영원한 소출을 위해 투자해야 합니다. "오직 너희를 위하여 보물을 하늘에 쌓아 두라"(마 6:20). 그런데 어떻게 그렇게 할 수 있을까요?

누가복음 12장에서 한 가지 답을 찾을 수 있습니다.

> 적은 무리여 무서워 말라 너희 아버지께서 그 나라를 너희에게 주시기를 기뻐하시느니라 너희 소유를 팔아 구제하여 낡아지지 아니하는 배낭을 만들라 곧 하늘에 둔 바 다함이 없는 보물이니 거기는 도둑도 가까이하는 일이 없고 좀도 먹는 일이 없느니라 너희 보물 있는 곳에는 너희 마음도 있으리라(눅 12:32-34).

어떻게 보물을 하늘에 쌓아 둘 수 있는지에 대한 열쇠는, 우리가 소유한 이 땅의 보물을 사용해 이 땅에서 그리스도의 이름으로 자비를 베푸는 것입니다. 궁핍한 자들에게 베푸십시오. 그것이 낡지 않는 배낭(money belts)을 하늘에 만들어 두는 방법입니다. 다함없는 하늘의 보물은 단지 이 땅에서 아낌없이 베푼 것에 대한 예기치 않은 결과라고 예수님께서 말씀하지 않으셨음을 기억하십시오. 예수님은 우리가 하늘의 보물을 '추구해야 한다'고 말씀하십니다. 하늘에 보물을 쌓으십시오. "낡아지지 아니하는 배낭⋯곧 하늘에 둔 바 다함이 없는 보물"을 말입니다. 이것이 순전한 기독교 희락주의입니다.

이 땅에는 복음을 듣지 못한 사람, 교육받지 못한 사람, 의료 혜택을 받지 못하는 사람, 제대로 먹지 못하는 사람들이 셀 수 없이 많습니다. 그 사람들의 비참한 현실을 덜기 위해 우리가 마땅히 사용해야 할 것을 사용하지 않을 때, 하나님은 영광을 받지 못하십니다. 우리가 아무리 하나님의 은혜에 감동하고 감사하더라도 우리 재물을 우리 자신만을 위해 움켜쥔다면 하나님은 결코 영광을 받지 못하십니다.

믿음을 고백한 많은 그리스도인들이 상업주의와 물질주의에 농락당했다는 증거는 우리가 얼마나 적게 내어 주고 얼마나 많이 가지려 하는지를 보면 압니다. 소비주의라는 저항할 수 없는 힘에 휘둘리는 우리는 삶에 재미를 더한다는 이

유로 조금 더 큰(많은) 집, 조금 더 새로운(큰) 차, 조금 더 멋진(많은) 옷, 조금 더 좋은(많은) 육류, 그밖에 온갖 종류의 허섭스레기와 제품과 장비와 도구 등을 구비했습니다.

어떤 그리스도인은 이렇게 반기를 들지도 모르겠습니다. "성경에는 하나님께서 자기 백성들을 번영케 하신다는 약속이 있지 않나요?" 맞습니다. 하나님은 우리의 소출이 늘어나게 하십니다. 하지만 그것은 우리가 우리 소유물을 내어 줌으로써, 소유물이 결코 우리의 신이 될 수 없다는 고백을 증명할 수 있게 하기 위해서입니다.

하나님은 우리가 자동차를 중형에서 더 고급형으로 바꾸도록 하기 위해 우리의 사업을 번창케 하지 않으십니다. 오히려 하나님은 그리스도를 알지 못하는 수많은 사람들이 복음을 접하도록 하기 위해 우리의 사업을 번창케 하십니다. 또 세계 인구의 20퍼센트가 굶주림에서 한 걸음 벗어나도록 하기 위해 우리의 사업을 번창케 하십니다.

삶은 전쟁입니다. 불의의 사고가 부지기수로 일어나고 위기가 끊이지 않습니다. 오늘 우리에게는 단출한 삶으로의 부르심이 아니라 전쟁으로의 부르심이 필요합니다. 우리는 '단순한 삶의 방식'보다 '전시(wartime)를 보내는 삶의 방식'으로 생각을 전환해야 합니다. 앞에서 "삶에 필요한 기본적인 것"이라는 표현을 썼는데, 이는 바울이 디모데전서 6장 8절에서 "우리가 먹을 것과 입을 것이 있은즉 족한 줄로 알 것이니라"고 말했기 때문입니다.

그러나 삶에 필요한 기본적인 것이라는 개념이 오해를 일으킬 수 있습니다. 제 의도는 '반드시 필요치 않은 것들에 의해 방해받지 않는' 생활 방식을 가리키며, '반드시 필요한 것'을 규정짓는 기준은 기본적인 단출함이 아니라 전시의 유효성입니다. 즉 '우리 삶에 반드시 필요한 것'이란 검소하고 단출하게 살아가는 데 꼭 필요한 것이라는 의미가 아니라, 전시를 살아가는 데 정말 유효한 것이어야 한다는 의미입니다.

선교비전가 랄프 윈터는 '전시 생활 양식'의 개념을 이렇게 설명하고 있습니다.

> 미국 캘리포니아 롱비치 항구에서 안식을 취하고 있는 퀸메리호는 과거를 보여 주는 매력적인 박물관입니다. 평상시에는 초호화 여객선으로 사용되다가 2차 세계대전 시기에는 군인들을 실어나르는 수송선으로 사용되기도 했습니다. 지금은 축구

장 세 개를 이어붙인 길이와 맞먹는 거대한 박물관으로 바뀌어 평상시와 전시 생활양식의 차이를 대조적으로 잘 대변하고 있습니다.

박물관으로 개조된 퀸메리호 내부 한 구역에는 평상시 화려한 여객선으로 사용되던 때 부유층 승객들을 위해 고급스럽게 꾸민 식당이 재현되어 있습니다. 테이블마다 품위 있게 세팅된 나이프와 포크와 숟가락이 반짝거리며 평상시의 분위기를 잘 보여 줍니다. 다른 구역에 마련된 전시실에는 2차 세계대전 당시의 내핍생활을 보여 주는 증거들이 평상시의 그것들과 큰 대조를 이루고 있습니다. 움푹 파인 요철이 둘러진 기다란 금속 쟁반 하나가 열다섯 명을 위한 접시와 받침 대용으로 사용됩니다. 비좁은 공간에 빼곡히 들어찬 2층이 아닌 8층짜리 간이침대를 보면 평상시 3천 명을 수용하던 이 여객선이 어떻게 전시에는 1만 5천 명을 수용하는 수송선 기능을 할 수 있었는지를 알 수 있습니다.

평상시 퀸메리호를 책임지던 선장과 승무원들에게는 이런 변화가 얼마나 불편하고 내키지 않았을까요. 물론 국가 비상사태 때에나 그렇게 했을 테지만요. 한 나라의 명운이 달린 문제였기에 그런 내키지 않는 변화도 가능했습니다. 오늘날 예수님께서 부여하신 지상명령(Great Commission)의 핵심은 수많은 사람들의 생존이 그 명령의 성취에 달려 있다는 것입니다.[23]

삶은 전쟁입니다. 전시 상황이 분명하다면, 그리스도인인 우리가 '왕의 자녀로서' 화려하게 살 권리가 있다고 말하는 것은 무의미하게 들립니다. 특히 왕도 전투를 위해 의복을 벗는 상황에서는 말입니다.

디모데전서 6장에서 기독교 희락주의의 메시지가 분명하게 드러나고 있습니다. 주로 돈에 관련된 말씀이며 그런 권면의 목적은 우리가 영생을 붙잡도록 도우려는 데 있습니다. 부하려 하는 욕망을 경계하십시오(9절). 믿음의 선한 싸움을 싸우고 영생을 붙잡으십시오(12절). 사도 바울은 비본질적인 것을 가지고 이런 저런 말을 하지 않는 사람입니다. 그는 영원한 세계에 바로 맞닿아 있는 사람이었습니다. 그러므로 모든 것을 또렷이 볼 수 있었습니다. 우리도 "참된 생명"(19절)을 원합니다. 그렇지 않습니까? 파멸과 멸망, 그리고 마음의 근심 따위를 버리고 싶어합니다. 그렇지 않습니까?(9-10절) 경건이 가져다주는 모든 유익을 바랍니다. 그렇지 않습니까?(6절)

그렇다면 기독교 희락주의의 화폐를 지혜롭게 사용하십시

오. 부유해지려고 하지 말고 전시를 살아가는 필수품으로 만족하십시오. 우리의 소망을 오직 하나님께만 두십시오. 교만을 멀리하십시오. 그리고 하나님 안에서 발견한 기쁨이 이 잃어버린 궁핍한 세상으로 부요하게 흘러넘치게 합시다.

영원한 것을 얻고자
영원할 수 없는 것을 버리는 자는
바보가 아닙니다.

짐 엘리엇

9장

―

기독교
희락주의와
선교

돈에 대한 기독교 희락주의의 시각을 다룬 앞장의 내용을 제대로 이해했다면, 기독교 희락주의의 표어가 세계 선교임을 분명히 알 수 있습니다. 아직 복음을 듣지 못한 세상 사람들을 위해 우리가 가정에서의 안락함과 안전을 과감히 포기해야 한다는 것입니다. 역설적이게도, 여기서 희생이 크면 클수록 기쁨도 커집니다. 그리고 이러한 기쁨을 추구하는 것이 세계 복음화의 추진력이 됩니다.

예수님께서 제자들에게 재물이 있는 자는 하나님의 나라

에 들어가기가 심히 어렵다고 말씀하신 후에(막 10:23) 베드로가 말했습니다. "보소서 우리가 모든 것을 버리고 주를 따랐나이다"(28절). 예수님은 분명 이 말을 하는 베드로에게서 자기 연민의 의도를 간파하셨을 것입니다. 이때 예수님께서 베드로에게 하신 말씀을 읽고 도전을 받아, 수많은 선교사들이 편안한 집에 있는 모든 것을 내려놓고 세상의 가장 힘한 곳으로 그리스도를 따라가게 되었습니다.

> 예수께서 이르시되 내가 진실로 너희에게 이르노니 나와 복음을 위하여 집이나 형제나 자매나 어머니나 아버지나 자식이나 전토를 버린 자는 현세에 있어 집과 형제와 자매와 어머니와 자식과 전토를 백 배나 받되 박해를 겸하여 받고 내세에 영생을 받지 못할 자가 없느니라(막 10:29-30).

이것은 선교사가 되면 물질적으로 부유해질 것이라는 의미가 아닙니다. 만일 그런 생각으로 선교에 뛰어든다면, 주님은 다음과 같은 말씀으로 우리를 부끄럽게 하실 것입니다. "여우도 굴이 있고 공중의 새도 집이 있으되 인자는 머리 둘 곳이 없도다"(눅 9:58).

앞에 나온 마가복음 10장 29-30절 말씀의 핵심은, 만일 우리가 그리스도를 섬기는 동안 이 땅에서의 가족을 잃는다면, 선교지에서 얻은 영적인 가족, 즉 교회 안에서 수백 배의 보상을 받게 되리라는 의미입니다. 그런데 말입니다. 여러 해 동안 수고했으나 믿음 안에서 수백 명의 형제와 자매와 모친과 자녀를 얻기는커녕 줄곧 혼자서 외롭게 선교사로 지내고 있는 사람은 어떻게 된 걸까요? 그 약속이 그들에게도 참된 것일까요?

물론입니다. 이 약속의 의미는 그리스도 그분이 직접 우리의 모든 희생을 확실히 보상해 주겠다는 것이기도 합니다. 만일 우리가 가까이 계신 어머니의 사랑과 관심을 포기하면, 언제나 계시는 그리스도의 사랑과 관심을 백배로 돌려받게 될 것입니다. 만일 우리가 형제와의 따뜻한 우애를 포기하면, 그리스도의 따뜻한 우애를 백배로 돌려받게 될 것입니다. 집이 주는 편안함과 안전감을 포기하면, 세상의 모든 집과 대지와 시내와 숲을 소유하신 우리 주님을 아는 데서 오는 위로와 안전감을 백배로 돌려받게 될 것입니다. 예수님은 "볼지어다 내가 세상 끝날까지 너희와 항상 함께 있으리라"(마 28:20)는 약속을 주셨습니다. 우리가 어떤 것도 희생했노라고 감히 말하지 못할 만큼, 주님이 우리를 위해 '일하시고' 우리를 위해 '곁에 계시겠다'는 것입니다.

본질적으로, 예수님은 우리가 주님과 복음을 위해 '자기를 부인하는 것'은, 더 좋은 것을 위해 덜 좋은 것을 버리는 것이라고 말씀하십니다. 다시 말해, 예수님은 우리가 자기를 희생하면서도 자기 연민 따위는 결코 품지 않기를 바라십니다. 실제로 이것은 자기 부인에 관한 예수님의 가르침에도 나타나 있습니다.

> 무리와 제자들을 불러 이르시되 누구든지 나를 따라오려거든 자기를 부인하고 자기 십자가를 지고 나를 따를 것이니라 누구든지 자기 목숨을 구원하고자 하면 잃을 것이요 누구든지 나와 복음을 위하여 자기 목숨을 잃으면 구원하리라 사람이 만일 온 천하를 얻고도 자기 목숨을 잃으면 무엇이 유익하리요(막 8:34-35).

예수님은 우리가 자기 목숨을 잃는 것에 무관심할 것을 요구하시지 않습니다. 그와 반대로, 우리가 참된 생명을 얻고자 갈망한다면 최고의 기쁨에 미치지 못하는 기쁨과 삶의 안락함을 기꺼이 포기함으로써 자기를 부인하게 된다고 주님은 생각하십니다. 참된 생명에 대한 갈망이 크면 클수록 그것을 얻기 위해 우리가 기꺼이 포기하게 되는 안락함도 많아질 것입니다. 참된 생명을 얻기 위해 이 세상에서의 우리 생명을 기꺼이 미워할 수 있다면, 하나님의 임재 안에서 선물로 얻는 영원한 생명은 보다 영화로울 것입니다. "자기의 생명을 사랑하는 자는 잃어버릴 것이요 이 세상에서 자기의 생명을 미워하는 자는 영생하도록 보전하리라"(요 12:25). 바로 이것이 '자기 부인'에 담긴 하나님 중심의 가치입니다.

그토록 많은 선교사들이 자신의 삶을 크게 희생한 후에 다음과 같이 말할 수 있는 이유가 바로 그 때문입니다. "저는 아무것도 희생하지 않았습니다." 1857년 12월 4일, 위대한 아프리카의 개척선교사 데이비드 리빙스턴은 케임브리지 대학생들에게 감동적인 간증설교를 했습니다. 그는 아프리카 선교사로 지내 온 오랜 경험을 통해 예수님께서 베드로에게 무엇을 가르치려 하셨는지를 배웠다고 말했습니다.

> 사람들은 제가 삶의 대부분을 아프리카에서 보내면서 치른 희생에 대해 얘기합니다. … 그러나 이런 관점이나 생각으로 희생

이라는 단어를 쓰지 마십시오. 그것은 결코 희생이 아닙니다. 오히려 특권이라고 말하십시오. 이 세상에서 머무는 동안 일반적인 안락함이나 도움을 받지 못하는 상태에서 때때로 맞게 되는 불안, 질병, 고통, 위험 같은 것으로 인해 우리가 머뭇거리고, 영혼이 흔들리며, 심령이 낙담할 수 있겠지만 이런 것은 잠시일 뿐입니다. 이 모든 것은 장차 우리 안에 그리고 우리를 위해 나타날 영광과 비교하면 아무것도 아닙니다(롬 8:18). 저는 결코 아무것도 희생하지 않았습니다. [24]

선교라는 대의를 위해 우리 삶을 헌신하게 만드는 가장 큰 동력은 투자한 것의 1만 퍼센트를 돌려받는다는 것입니다. 선교사들은 처음부터 이 사실을 증명해 왔습니다. 사도 바울 때부터 말입니다.

그러나 무엇이든지 내게 유익하던 것을 내가 그리스도를 위하여 다 해로 여길 뿐더러 또한 모든 것을 해로 여김은 내 주 그리스도 예수를 아는 지식이 가장 고상하기 때문이라 내가 그를 위하여 모든 것을 잃어버리고 배설물로 여김은 그리스도를 얻고… 내가 그리스도와 그 부활의 권능과 그 고난에 참여함을 알고자 하여 그의 죽으심을 본받아(빌 3:7-8, 10).

우리가 잠시 받는 환난의 경한 것이 지극히 크고 영원한 영광의 중한 것을 우리에게 이루게 함이니(고후 4:17, 참조 롬 8:18).

복음을 위해 고난을 받은 선교사들의 증언이 얼마나 한결같은지 말 그대로 놀랍습니다. 사실상 그들 모두가 풍성한 기쁨과 넘치는 보상에 대해 증거하고 있습니다. [25]

선교는 그리스도를 향한 사랑이 자연스럽게 밖으로 흘러넘치는 것입니다. 우리는 주님 안에서 경험하는 기쁨을 다른 이들에게 전함으로써 그 기쁨을 확장시킵니다. 중국에서 선교사로 섬기던 로티 문(Lotti Moon)의 고백처럼 "영혼을 구원하는 기쁨보다 더 큰 기쁨은 있을 수 없습니다." [26]

이슬람의 사도로 유명한 새뮤얼 즈베머(Samuel Zwemer)는 선교사로 세워진 후 바레인의 무슬림들에게 복음을 전하기 위해 아내와 두 딸을 데리고 페르시아만으로 배를 타고 들어갔습니다. 그들의 선교 사역은 거의 열매를 맺지 못했습니다. 1904년 여름에는 네 살과 일곱 살이던 두 딸이 8일 간격으로 연이어 세상을 떠났습니다. 그럼에도 불구하고, 즈베머

선교사는 50년이 흘러 이 시기를 회고하며 이렇게 썼습니다. "그때의 순전한 기쁨이 되살아납니다. 다시 돌아가더라도 그 모든 일을 기쁘게 감당하겠습니다."[27]

우리가 이야기와 글로 접하는 이 모든 선교사들은 하나님을 위해 큰 희생을 치렀노라고 자랑할 수 있었지만 결코 그러지 않았습니다. 선교사들이야말로 진정한 기독교 희락주의자입니다. 그들은 기독교 희락주의의 표어가 선교임을 알고 있었습니다. 그들은 하찮은 안락과 쾌락과 출세를 위해 삶을 바치는 것보다 그리스도와 복음을 위해 삶을 바치는 것이 수백 배 더 기쁘고 만족스럽다는 사실을 발견했습니다. 물론 고난과 좌절과 상실이 뒤따랐습니다. 하지만 하나님께서 예수님 안에서 그들을 위한 하나님이 되신다는 약속이 그 모든 것을 상쇄하고도 남는 최고의 약속이었습니다. 그들은, 희생에 대한 자기 연민을 경계하라는 예수님의 권면을 마음에 간직하고 살았습니다. 남들은 희생이라 부를지 몰라도, 우리에게 선교는 유익입니다. 백배나 큰 유익입니다.

1956년 1월 8일, 짐 엘리엇과 그의 동료 선교사 네 명이 에콰도르의 살인부족 아우카 인디언에게 복음을 전하려다가 살해당했습니다. 네 명의 젊은 아내들은 한순간에 미망인이 되고 아홉 명의 아이들은 아버지를 잃었습니다. 엘리자베스 엘리엇은 자신의 책에서, 세상이 이 일을 비극적인 악몽이라고 부른다고 기록했습니다. 그리고 이렇게 덧붙였습니다.

> 세상은 이 일을 비극적인 악몽이라 불렀다. 세상은 짐 엘리엇의 신조 앞부분에 담긴 진리를 깨닫지 못했다. "영원한 것을 얻고자 영원할 수 없는 것을 버리는 자는 바보가 아닙니다."[28]

하나님께서 짐 엘리엇과 새뮤얼 즈베머, 로티 문을 세상에 두신 것은 단지 그들이 기쁘게 고난받는 모습을 보여 주기 위함이 아니었습니다. 하나님은 우리가 그들을 보고 닮고자 하는 열정이 일어나기를 바라셨습니다. 히브리서 13장 7절은 "하나님의 말씀을 너희에게 일러 주고 너희를 인도하던 자들을 생각하며 그들의 행실의 결말을 주의하여 보고 그들의 믿음을 본받으라"고 했고, 6장 12절에서는 "게으르지 아니하고 믿음과 오래 참음으로 말미암아 약속들을 기업으로 받는 자들을 본받는 자 되게 하려는 것이니라"고 했습니다.

하나님 안에서 최고의 기쁨을 얻고자 했던 갈망이 있었기에 우리 앞에 있는 허다한 증인들은 기꺼이 사랑의 희생을 감수할 수 있었습니다. 그것처럼, 만일 우리 안에도 하나님 안에서 최고의 만족을 찾으려는 열망이 있다면 그것을 잘 간직할 뿐 아니라 사탄이 그 불씨를 꺼트리지 않도록 기도를 통해 활활 불타오르게 하십시오. 그러면 우리 인생에 아마도 결정적인 순간이 찾아올 것입니다.

나가는 글

최후의
부르심

기독교 희락주의는 우리 앞에 놓인 기쁨을 위해 현실의 위험과 고난을 기꺼이 감내하라는 하나님의 부르심입니다. 그리스도에게도 고난은 우연히 일어난 일이 아닙니다. 주님은 고난 받기를 '선택'하셨습니다. 교회를 잉태하고 온전케 하기 위한 방법으로 선택하신 것입니다. 주님은 우리에게도 명하십니다. 자기 십자가를 지고 갈보리 언덕을 오르라고, 자기를 부인하라고, 교회를 섬기고 그리스도의 고난을 세상에 나타내기 위해 희생하라고 명하십니다. 그러나 조나단 에드워즈가 1723년

설교에서 전했듯 "자기 부인은 슬픔의 뿌리와 기초를 파괴한다"[29]는 사실을 기억하십시오.

이 부르심에 응답하는 것이 기독교 희락주의의 가장 중요한 첫 단계입니다. 우리가 고난을 선택한다면 그렇게 하는 것이 옳기 때문이 아닙니다. 우리에게 그 말씀을 하시는 분이 그것을 영원한 기쁨에 이르는 길로 정해 놓으셨기 때문입니다. 주님이 우리에게 순종을 통해 고난에 참여하라고 하시는 이유는 딴 데 있지 않습니다. 의무에 대한 우리의 헌신이 얼마나 능력이 있는지 보여 주기 위함이 아닙니다. 우리의 도덕적 결단이 얼마나 대단한지 보여 주기 위함도 아닙니다. 우리가 고통을 얼마나 오래 참는지 보여 주기 위함도 아닙니다. 그보다는 우리가 어린아이 같은 믿음으로 순종함으로써 우리 주님의 모든 것을 만족시키는 약속이 얼마나 귀하고 소중한지를 만방에 드러내기 위함입니다.

이것이 기독교 희락주의의 핵심입니다. 고난을 통해 기쁨을 추구할 때, 우리는 기쁨의 근원 되시는 분이 모든 것을 만족시키는 분이심을, 그래서 그분이 얼마나 가치 있는 분인지를 확실하게 드러낼 수 있습니다. 예수 그리스도는 우리가 삶에서 경험하는 고통의 긴 터널 끝에서 보게 되는 밝은 빛과 같습니다. 그분은 우리가 고난 가운데서도 기뻐할 수 있는 목적이자 든든한 기초가 되십니다. 그러므로 우리가 고난받는 중에도 그리스도가 높아지신다는 것의 의미는 이렇습니다. "그리스도는 우리의 큰 유익이 되십니다."

세상이여, 잠에서 깨어나 바라보십시오. 그리스도는 우리의 유익이 되십니다.

사람의 제일가는 목적은 하나님을 영화롭게 하는 것입니다. "우리가 하나님 안에서 최고의 만족을 얻을 때 하나님은 우리 안에서 최고의 영광을 받으신다"는 진리는 다른 어느 때보다도 우리가 고난 가운데 있을 때 더욱 참됩니다.

그러므로 제가 기도하는 바는 이렇습니다. 성령님께서 세상에 있는 그분의 백성들에게 우리 주 하나님, 예수 그리스도를 최고로 높이는 일에 열정을 부어 주시기를 기도합니다. 어떤 고통 속에서든 그리스도 안에서 기쁨을 추구하는 것은, 그리스도가 최고의 만족을 주시는 가치 있는 분임을 드러내는 가장 힘있는 증거입니다. 그로 말미암아 세상 모든 민족이 하나님의 형상이신 그리스도의 아름다움을 목격하고서, 구원 얻는 믿음으로 나아오는 기쁨 가운데 그분의 은혜를 찬송하게 될 것입니다.

도움자료 1

영광을 받으시는
하나님

"하나님의 영광." 우리는 이 단어를 너무 쉽게 그리고 너무 자주 사용합니다. 그러다보니 이 단어가 본래 가지고 있던 성경적인 의미를 차츰 잃어버리고 말았습니다. 하지만 우리가 의미를 잃어버린다고 해서 그 자체의 의미가 어디 사라지던가요? 태양은 아무리 사람들이 무관심하다고 해도 결코 그 빛이 사그라드는 법이 없습니다. 태양이 제공하는 유익도 결코 줄어들지 않습니다.

그럼에도 불구하고, 하나님은 이 세상 어느 것으로부터든

무시당하는 것을 결코 좋아하지 않으십니다. "하나님을 잊어버린 너희여 이제 이를 생각하라 그렇지 아니하면 내가 너희를 찢으리니 건질 자 없으리라"(시 50:22). 그러면 하나님의 영광이란 무엇일까요? 얼마나 중요한 것일까요?

하나님의 영광이란 무엇입니까?

하나님의 영광은 '하나님의 거룩하심'의 현현입니다. 즉 하나님의 무한한 가치가 분명하게 드러난 것입니다. 이사야 선지자가 '거룩함'과 '영광'이라는 단어를 어떻게 사용하고 있는지 주의 깊게 살펴보십시오. "서로 불러 이르되 거룩하다 거룩하다 거룩하다 만군의 여호와여 그의 영광이 온 땅에 충만하도다 하더라." 하나님의 거룩하심이 모든 사람이 알 수 있도록 온 땅에 충만해지자 그것을 '영광'이라고 불렀습니다.

'거룩함'의 기본 의미는 다른 모든 것들로부터 '구별(분리)되었다'는 것입니다. 따라서 우리가 이 정의를, 다른 모든 것들로부터 하나님이 철저히 구별되었다는 의미로 사용할 때, 그 결과 하나님은 '철저히 다른, 단 하나의 존재'가 됩니다. 즉 하나님이 세상에서 가장 진귀하고 가장 완벽한 다이아몬드와 같은 분이라는 의미가 됩니다. 세상에 그에 필적할 만한 다른 다이아몬드(다른 하나님)는 없습니다. 오직 한 분이신 하나님의 '유일성'—그분의 하나님 되심—으로 인해 그분은 무한히 가치 있는 분, 즉 '거룩한 분'이 됩니다.

성경에서 하나님의 영광이라는 표현을 사용하면서 의도한 가장 일반적인 의미는 그분의 무한한 가치가 피조 세계에서 경험된다는 것입니다. 말하자면, 그 영광이 밝게 빛납니다. 하나님의 영광은 하나님의 거룩하심이 찬란하게 비치는 것입니다. 하나님의 무한한 가치가 밖으로 넘쳐흐르는 것입니다. 밖으로 넘쳐흐를 때, 그 영광은 우리에게 아름답고 웅대하게 보입니다. 거기에는 무한한 고귀함과 무한한 위대성이 담겨 있습니다. 따라서 우리는 하나님의 영광을 '하나님의 다면적 완전하심의 아름다움과 웅대함'으로 정의할 수 있습니다.

여기서 '다면적 완전하심'(manifold perfections)이라는 표현을 쓴 이유는, 성경에서 하나님이라는 분의 속성을 표현하는 독특한 면면들이 영광을 지니고 있다고 말하기 때문입니다. 예들 들면, "그의 은혜의 영광"(엡 1:6)이라든가 "그의 힘의 영광"(살후 1:9)이라는 표현들이 그렇습니다. 하나님 그분이 영광스러우신 이유는 그분의 다면적이고 영광스러운 완전하심(들)이 완전한 연합을 이루고 있기 때문입니다.

그런데 이러한 정의에 추가해야 할 것이 있습니다. 성경은 또한 창세전에도 하나님의 영광이 있었다고 말하기 때문입니다. 예를 들면, 예수님은 이렇게 기도하셨습니다. "아버지여 창세전에 내가 아버지와 함께 가졌던 영화로써 지금도 아버지와 함께 나를 영화롭게 하옵소서"(요 17:5). 그러므로 저는 하나님의 영광을 이렇게 정의 내리고 싶습니다. "하나님의 영광은 그분의 다면적 완전하심의 고유한 아름다움과 웅대함이 밝게 드러난 것입니다."

적어도 이곳에서 언어란 굉장히 부족한 표현 수단이라는 생각이 듭니다. 제가 내린 정의에서 어색한 단어 하나를 두 개의 다른 단어로 대체했습니다. '영광'을 '아름다움'과 '웅대함'으로 표현한 그것입니다. 많이 어색하지만 그럴지라도 우리는 시도해야 합니다. 하나님도 우리에게 스스로를 계시하실 때 "하나님의 영광"이라는 단어 안에 자신을 드러내셨습니다. 그러면서 그 단어들이 아무 의미 없이 사용되는 것을 결코 원하지 않으셨습니다.

우리는 영광이라는 단어를 사용할 때마다 그것이 피조 세계를 넘어서는, 결코 비할 수 없는 어떤 것임을 끊임없이 상기해야 합니다. '하나님의 영광'은 세상이 있기도 전에 계셨던

한 분의 무한한 아름다움과 무한한 웅대함을 표현하는 방식입니다. 달리 말해, 하나님의 영광은 가장 아름답고 가장 웅대한 것으로, 그것에는 기원도 없고, 비교 대상도 없으며, 비유할 대상도 없고, 외부 기준에 의해 감히 판단받거나 평가받지도 않습니다. 그것은 오히려 모든 것을 규정하는 절대적인 원형(original)으로서의 웅대함과 아름다움입니다. 창조된 (피조 세계에 존재하는) 모든 웅대함과 아름다움은 바로 그것으로부터 나왔으며, 그것을 가리키고 있습니다. 하지만 (피조물이라는 제한성으로 인해) 결코 합당한 수준이나 적절한 차원에서 그것(원형)을 제대로 반영하지는 못합니다.

'하나님의 영광'은 인간의 모든 감탄, 경이, 경외, 존경, 찬양, 칭송, 갈채 그리고 예배가 가리키는 객관적이며 절대적인 실체가 있음을 언어로 기술하는 하나의 방식입니다. 우리는 무한히 감탄할 만한 대상, 즉 '하나님의 영광'을 보고 감탄함으로써 가장 심오한 기쁨을 발견하도록 만들어진 존재입니다. 하나님의 영광은 실체에 대한 인간의 갈망이 심리적으로 투사된 것이 아닙니다. 오히려 그 반대입니다. 결코 채워질 수 없는 인간의 갈망은 우리가 하나님의 영광을 위해 창조되었다는 증거가 됩니다.

하나님의 영광은 성경에서 얼마나 핵심적 위치에 있습니까?

하나님의 영광은 모든 것의 목표가 됩니다. "그런즉 너희가 먹든지 마시든지 무엇을 하든지 다 하나님의 영광을 위하여 하라"(고전 10:31). 모든 것이 하나님의 영광을 위해 창조되었습니다(사 43:6-7).

교회가 감당해야 하는 위대한 사명은 열방 가운데 하나님의 영광을 선포하는 일입니다. "그의 영광을 백성들 가운데에, 그의 기이한 행적을 만민 가운데에 선포할지어다"(시 96:1-3, 겔 39:21, 사 66:18-19).[*]

---

[*] 새 노래로 여호와께 노래하라 온 땅이여 여호와께 노래할지어다 여호와께 노래하여 그의 이름을 송축하며 그의 구원을 날마다 전파할지어다 그의 영광을 백성들 가운데에, 그의 기이한 행적을 만민 가운데에 선포할지어다(시 96:1-3).

내가 내 영광을 여러 민족 가운데에 나타내어 모든 민족이 내가 행한 심판과 내가 그 위에 나타낸 권능을 보게 하리니(겔 39:21).

내가 그들의 행위와 사상을 아노라 때가 이르면 뭇 나라와 언어가 다른 민족들을 모으리니 그들이 와서 나의 영광을 볼 것이며 내가 그들 가운데에서 징조를 세워서 그들 가운데에서 도피한 자를 여러 나라 곧 다시스와 뿔과 활을 당기는 룻과 및 두발과 야완과 또 나의 명성을 듣지도 못하고 나의 영광을 보지도 못한 먼 섬들로 보내리니 그들이 나의 영광을 뭇 나라에 전파하리라(사 66:18-19).

우리의 소망이 무엇입니까? 하나님의 영광을 '보는 것'입니다

하나님의 영광을 보는 것이야말로 우리의 궁극적 소망입니다. "또한 그로 말미암아 우리가 믿음으로 서 있는 이 은혜에 들어감을 얻었으며 하나님의 영광을 바라고 즐거워하느니라"(롬 5:2). 하나님은 우리를 "그 영광 앞에 흠이 없이 기쁨으로 서게 하실" 것입니다(유 24). 주님은 "또한 영광받기로 예비하신 바 긍휼의 그릇에 대하여 그 영광의 풍성함을 알게 하고자" 하셨습니다(롬 9:23). "이는 너희를 부르사 자기 나라와 영광에 이르게 하시는 하나님께 합당히 행하게 하려 함이라"(살전 2:12). "그래서 우리는 복된 소망 곧 위대하신 하나님과 우리 구주 예수 그리스도의 영광이 나타나기를 고대합니다"(딛 2:13, 현대인의성경).

예수님은 (그분과 그분의 사역 모두) 하나님 영광의 성육신이자 최종적인 계시입니다. "이는 하나님의 영광의 광채시요 그 본체의 형상이시라"(히 1:3). "아버지여 내게 주신 자도 나 있는 곳에 나와 함께 있어 … 내게 주신 나의 영광을 그들로 보게 하시기를 원하옵나이다"(요 17:24).

우리의 소망이 무엇입니까? 하나님의 영광에 '참여하는' 것입니다
"너희 중 장로들에게 권하노니 나는 함께 장로 된 자요 그리스도의 고난의 증인이요 나타날 영광에 참여할 자니라"(벧전 5:1). "그 바라는 것은 피조물도 썩어짐의 종 노릇 한 데서 해방되어 하나님의 자녀들의 영광의 자유에 이르는 것이니라"(롬 8:21). "오직 은밀한 가운데 있는 하나님의 지혜를 말하는 것으로서 곧 감추어졌던 것인데 하나님이 우리의 영광을 위하여 만세 전에 미리 정하신 것이라"(고전 2:7). "우리가 잠시 받는 환난의 경한 것이 지극히 크고 영원한 영광의 중한 것을 우리에게 이루게 함이니"(고후 4:17). "또 미리 정하신 그들을 또한 부르시고 부르신 그들을 또한 의롭다 하시고 의롭다 하신 그들을 또한 영화롭게 하셨느니라"(롬 8:30).

복음과 우리의 영혼에 대해 연구합시다
하나님의 영광을 보고 참여하는 것은 우리가 그리스도의 복음을 통해 기대하는 궁극의 소망입니다.

우리가 마땅히 품어야 할 소망을 품는다면, 그 소망은 지금 우리의 가치와 선택 그리고 행위에 지대하고 결정적인 영향을 미칩니다.

하나님의 영광이 무엇인지 제대로 알아 가십시오. 하나님의 영광과 그 영광을 드러내는 세상의 영광에 대해 연구하십시오. 그리스도의 영광과 그 영광을 드러내는 복음의 영광에 대해 밤새워 연구하십시오.

세상 무엇보다 하나님의 영광을 존귀하게 여기십시오.

우리의 영혼에 대해서도 연구하십시오. 우리가 잘못 속고 있는 영광에는 무엇이 있는지, 그리고 우리가 왜 하나님의 영광이 아닌 그런 것들을 귀하게 여기는지에 대해 알아 가십시오. 다곤 같은 세상의 영광 따위를 어떻게 세상의 신전 바닥에 조각조각 처참하게 무너뜨릴 수 있는지(삼상 5:4) 알기 위해 우리의 영혼에 대해서도 연구하십시오.

하나님의 형상이신 그리스도의 영광을 좀 더 알고 그 영광에 참여하기 위해 갈급한 마음으로 저와 함께 이 땅에서 살아갑시다.

도움자료 2

만족하는
영혼

기독교 희락주의는 "우리가 하나님 안에서 최고의 만족을 얻을 때 하나님은 우리 안에서 최고의 영광을 받으신다"고 말합니다. 이러한 진술의 기초는 깊으며, 그 의미하는 바는 영원히 그리고 무한히 높습니다.

우리는 빌립보서 1장 20-21절에서 그 진술의 기초를 찾을 수 있습니다. 여기서 사도 바울은 "나의 간절한 기대와 소망을 따라 아무 일에든지 부끄러워하지 아니하고 지금도 전과 같이 온전히 담대하여 살든지 죽든지 내 몸에서 그리스도가 존귀하게 되게 하려 하나니 이는 내게 사는 것이 그리스도니 죽는 것도 유익함이라"고 말합니다. 그에게는 비록 자신이 죽는다 해도 그로 인해 그리스도가 존귀하게 되고 싶다는 열정이 있었습니다. 바울의 설명에 따르면 그에게는 '죽는 것이 유익'이 됩니다. 죽는 것이 유익이 되는 이유는, "차라리 세상을 떠나서 그리스도와 함께 있는 것이 훨씬 더 좋은 일"(23절)이기 때문입니다.

그러므로 사도 바울은 "자신이 그리스도 안에서 만족하는 존재가 될 때 그리스도가 존귀하게 된다"는 사실을 믿었습니다. 그렇기에 모든 것을 내려놓고 죽는다 해도 그에게는 그것이 결코 상실이 아니라 유익이었습니다. 그래서 바울은 이렇게 고백합니다. "또한 모든 것을 해로 여김은 내 주 그리스도 예수를 아는 지식이 가장 고상하기 때문이라"(빌 3:8).

그러므로 제 결론은 이것입니다. "우리가 그리스도 안에서 (특별히 고난과 죽음으로) 최고의 만족을 얻을 때 그리스도는 우리 안에서 최고로 존귀하게 되십니다." 그러므로 기독교 희락주의가 내건 깃발에는 다음과 같은 글귀가 적혀 있습니다. "우리가 하나님 안에서 최고의 만족을 얻을 때 하나님은 우리 안에서 최고의 영광을 받으십니다."

이것이 암시하는 바는 매우 광범위합니다. 그중에서도 가장 중대한 것 하나를 꼽으라면, "그러므로 우리가 하나님 안에서 기쁨을 추구해야 한다"는 것입니다. 하면 좋다는 것이 아니라 반드시 그렇게 해야 합니다. 우리 마음의 주된 역할은 하나님 안에서 우리의 만족을 극대화하는 것입니다. 주님이 주시는 것이 얼마나 좋은 것이든, 주님이 주시는 '은사'로 만족을 얻으려 하지 말고, 주님 '안에서' 만족을 얻어야 합니다.

우리가 하나님 안에서 최고의 만족을 추구해야 하는 여덟 가지 성경적인 이유가 있습니다.

1. 우리는 만족을 추구하라는 명령을 받았습니다.

"기쁨으로 여호와를 섬기며 노래하면서 그의 앞에 나아갈지어다"(시 100:2). "주 안에서 항상 기뻐하라 내가 다시 말하노니 기뻐하라"(빌 4:4). "또 여호와를 기뻐하라 그가 네 마음의 소원을 네게 이루어 주시리로다"(시 37:4).

2. 하나님 안에서 만족을 추구하지 않으면 그로 인해 화를 입을 것입니다.

"네가 모든 것이 풍족하여도 기쁨과 즐거운 마음으로 네 하나님 여호와를 섬기지 아니함으로 말미암아 네가 주리고 목마르고 헐벗고 모든 것이 부족한 중에서 여호와께서 보내사 너를 치게 하실 적군을 섬기게 될 것이니 그가 철 멍에를 네 목에 메워 마침내 너를 멸할 것이라"(신 28:47-48).

3. 믿음의 본질은 하나님 안에서 만족을 추구하는 것입니다.

"믿음이 없이는 하나님을 기쁘시게 하지 못하나니 하나님께 나아가는 자는 반드시 그가 계신 것과 또한 그가 자기를 찾는 자들에게 상 주시는 이심을 믿어야 할지니라"(히 11:6).

4. 악의 본질은 하나님 안에서 만족하지 않으려는 것입니다.

"너 하늘아 이 일로 말미암아 놀랄지어다 심히 떨지어다 두려워할지어다 여호와의 말씀이니라 내 백성이 두 가지 악을 행하였나니 곧 그들이 생수의 근원되는 나를 버린 것과 스스로 웅덩이를 판 것인데 그것은 그 물을 가두지 못할 터진 웅덩이들이니라"(렘 2:12-13).

5. 회개의 본질은 하나님 안에서 만족을 추구하는 것입니다.

"천국은 마치 밭에 감추인 보화와 같으니 사람이 이를 발견한

후 숨겨 두고 기뻐하며 돌아가서 자기의 소유를 다 팔아 그 밭을 사느니라"(마 13:44).

6. 자기를 부인하라는 부르심은 곧 하나님 안에서 만족을 추구하라는 것입니다.

"무리와 제자들을 불러 이르시되 누구든지 나를 따라오려거든 자기를 부인하고 자기 십자가를 지고 나를 따를 것이니라 누구든지 자기 목숨을 구원하고자 하면 잃을 것이요 누구든지 나와 복음을 위하여 자기 목숨을 잃으면 구원하리라 사람이 만일 온 천하를 얻고도 자기 목숨을 잃으면 무엇이 유익하리요"(막 8:34-36).

7. 사람을 사랑하려면 하나님 안에서 만족을 추구해야 합니다.

"그는 그 앞에 있는 기쁨을 위하여 십자가를 참으사"(히 12:2).

"또 주 예수께서 친히 말씀하신 바 주는 것이 받는 것보다 복이 있다 하심을 기억하여야 할지니라"(행 20:35).

8. 하나님을 영화롭게 하려면 그분 안에서 만족을 추구해야 합니다.

"나의 간절한 기대와 소망을 따라 아무 일에든지 부끄러워하지 아니하고 지금도 전과 같이 온전히 담대하여 살든지 죽든지 내 몸에서 그리스도가 존귀하게 되게 하려 하나니 이는 내게 사는 것이 그리스도니 죽는 것도 유익함이라"(빌 1:20-21).

위대한 기도 용사이자 고아들의 아버지인 조지 뮬러의 고백을 읽으며, 그와 함께 우리의 영혼도 만족을 누리는 일에 동참합시다. "제가 날마다 시도하고 구해야 하는 가장 우선되고 첫 번째로 소중한 일은 제 영혼이 주님 안에서 행복을 얻는 것임을 다른 어느 때보다 분명하게 깨달았습니다." 이런 태도를 갖는다면, 우리는 사랑의 희생으로 모든 것을 잃을지라도 그것으로 기뻐할 수 있습니다.

미주

1. 아우구스티누스, 『고백록』, R. S. Pine-Coffin 번역 (New York: Penguin Books, 1961), 21 (I, 1).

2. C. S. 루이스, *A Mind Awake: An Anthology of C. S. Lewis*, ed. Clyde Kilby (New York: Harcourt Brace and World, 1968), 22.

3. 같은 책, 22-23.

4. 아우구스티누스, 『고백록』, 181 (IX, 1).

5. 블레이즈 파스칼, 『파스칼의 팡세』, W. F. Trotter 번역 (New York: E. P. Dutton, 1958), 113 (thought #425).

6. 리차드 백스터, 『성도의 영원한 안식』(The Saints' Everlasting Rest)

(Grand Rapids, Mich.: Baker Book House, 1978), 17.

7. 매튜 헨리, 『매튜 헨리 주석』(Commentary on the Whole Bible), vol. 2 (Old Tappan, N.J.: Fleming H. Revel, n.d., original 1708), 1096.

8. 존 파이퍼, 『하나님의 영광을 위한 하나님의 열심』 중에서 조나단 에드워즈, 〈천지 창조의 목적〉(The End for Which God Created the World) (Wheaton, Ill.: Crossway Books, 1998), 158, 단락 72.

9. 조나단 에드워즈, The "Miscellanies" (Entry Nos. a-z, aa-zz, 1-500), ed. Thomas Schafer, *The Works of Jonathan Edwards*, vol. 13 (New Haven, Conn.: Yale University Press, 1994), 199 (Miscellany #3).

10. C. S. 루이스, 『영광의 무게』(The Weight of Glory and Other Addresses) (Grand Rapids, Mich.: Eerdmans, 1965), 1-2.

11. 『퍼스펙티브스』(Perspectives on the World Christian Movement) 중에서 새뮤얼 즈베머의 "불가능한 일의 영광"(The Glory of the Impossible) 3판. 랄프 윈터와 스티븐 호돈(Pasadena, Calif.: William Carey Library, 1999) 315에서 인용.

12.. 쉘던 베너컨, 『잔인한 자비』(A Severe Mercy) (New York: Harper and Row, 1977), 189.

13. E. J. Carnell, *Christian Commitment* (New York: Macmillan,

1967), 160-161.

14. 화목(Propitiation)이라는 단어는 지금은 잘 사용하지 않는 단어로, 최근에는 보다 익숙한 다른 단어들(속죄[expiation], 화목제물[atoning sacrifice])로 대치되고 있다. 나는 이 단어의 원래 의미, 즉 '그리스도가 죄인들을 위해 십자가 죽음에 의해 행하신 일은 죄인들에 대한 하나님의 진노를 진정시키는 것'임을 강조하고자 이 단어를 사용했다. 자신의 영광을 위해 당신의 아들에게 그 같은 굴욕과 고통을 요구하심으로, 하나님은 결코 죄를 덮어 두지 않으신다는 사실을 공개적으로 입증하셨다. 하나님의 영광을 위해 겪은 모든 굴욕은 정당한 형벌이며, 그 십자가 위에서 하나님의 진노는 모든 믿는 자들을 위해 진정되었다. 그렇지 않았다면 하나님의 진노는 지옥에서 믿지 않는 모든 자들에게 쏟아졌을 것이다.

15. 조나단 에드워즈, The "Miscellanies," a-500, ed. Thomas Schafer, *The Works of Jonathan Edwards*, vol. 13 (New Haven, Conn.: Yale University Press, 1994), 495.Miscellany #448; 또한 #87, 251?-2; #332, 410; #679 (not in the New Haven volume)을 보라. 강조 표현은 추가됨. 이 전집은 에드워즈가 저술한 책들에서 발췌한,『하나님의 천지 창조 목적』같은 개인 기록물이다. 나는 예일대 판에서 일부 마침표를 수정했다.

16. C. S. 루이스, 『영광의 무게』(The Weight of Glory and Other Addresses), 1-2.

17. C. S. 루이스, 『시편 사색』(Reflections on the Psalms) (New York: Harcourt, Brace and World, 1958), 94-95.

18. 조나단 에드워즈, 『신앙감정론』(Treatise Concerning the Religious Affections) in *The Works of Jonathan Edwards*, vol. 1 (Edinburgh: The Banner of Truth Trust, 1974), 237.

19. 기쁨(Joy, 시 100:2, 빌 4:4, 살전 5:16, 롬 12:8, 12, 15), 소망(hope, 시 42:5, 벧전 1:13), 두려움(fear, 눅 12:5, 롬 11:20, 벧전 1:17), 평강(peace, 골 3:15), 열심(zeal, 롬 12:11), 슬픔(grief, 롬 12:15, 약 4:9), 사모함(desire, 벧전 2:2), 친절(tenderheartedness, 엡 4:32), 상함과 통회함(brokenness and contrition, 시 51:17), 감사(gratitude, 엡 5:20, 골 3:17), 겸손(lowliness, 빌 2:3).

20. 아우구스티누스, 『고백록』(Confessions), 40 (X, xxix).

21. 조나단 에드워즈, 『하나님의 천지 창조 목적』(The End for Which God Created the World), 177, 단락 119.

22. 미국 인디언 속담. Guy A. Zona, ed., *The Soul Would Have No Rainbow if the Eye Had No Tears: And Other Native American Proberbs* (New York: Touchstone Books, 1994)를 보라.

23. 랄프 윈터, 『퍼스펙티브스』(Perspectives on the World Christian Movement) 중에서 "재헌신: 평상시가 아니라 전시 생활 양식으로"(Reconsecration to a Wartime, not a Peacetime, Lifestyle) 3판, 랄프 윈터와 스티븐 호돈 (Pasadena, Calif.: William Carey Library, 1999), 705.

24. 『퍼스펙티브스』(Perspectives on the World Christian Movement) 중에서 새뮤얼 즈베머의 "불가능한 일의 영광"(The Glory of the Impossible) 3판. 랄프 윈터와 스티븐 호돈 (Pasadena, Calif.: William Carey Library, 1999), 315에서 인용.

25. 선교하는 성도들의 즐거운 고난에 관한 이야기는, 존 파이퍼, 『열방을 향해 가라』(Let the Nations Be Glad: The Supremacy of God in Missions) (Grand Rapids, Mich.: Baker Book House, 1993), 71-112을 보라

26. 루스 터커, 『선교사 열전』(From Jerusalem to Irian Jaya) (Grand Rapids, Mich.: Zondervan, 1983), 237에서 인용. 샬롯 딕스 (로티) 문은 1840년 버지니아에서 태어나 1873년 침례교 선교사로 중국에 들어갔다. 그녀는 중국에서 벌인 개척 사역뿐 아니라 남침례교회의 여성들에게 선교의 동력을 불러일으킨 것으로도 잘 알려져 있다.

27. 『선교사 열전』(From Jerusalem to Irian Jaya), 277에서 인용.

28. 엘리자베스 엘리엇, 『전능자의 그늘』(Shadow of the Almighty: The Life and Testament of Jim Elliot) (New York: Harper and Brothers, 1958), 19.

29. Jonathan Edwards, "The Pleasantness of Religion," in *The Sermons of Jonathan Edwards: A Reader* (New Haven, Conn.: Yale University Press, 1999), 19.

기쁨의 신학자 존 파이퍼의 책

존 파이퍼의 로마서 강해 시리즈 (전7권)
강단에서 머무르지 않고 우리의 삶에서 빛을 발하는 복음의 메시지
1권 복음과 하나님의 의(1:1-3:20), 2권 복음과 하나님의 은혜(3:21-5:11), 3권 복음과 하나님의 구원(5:12-7:25), 4권 복음과 하나님의 사랑(8:1-39), 5권 복음과 하나님의 주권(9:1-11:36), 6권 복음과 하나님의 백성(12장), 7권 복음과 하나님의 나라(13장-16장)

열방을 향해 가라
예배의 목적과 선교의 이유를 묻는 이들에게 보내는 가장 정확한 답변서

장래의 은혜
믿음으로 살아가는 그리스도인에게 보장된 하나님의 선물

최고의 하나님을 맛보라
존 파이퍼와 함께하는 하나님 묵상

최고의 기쁨을 맛보라
하나님 안에서 최고의 기쁨을 맛볼 때 일어나는 일들

형제들이여, 우리는 전문직업인이 아닙니다
순전한 목회자로의 부르심을 회복하기 위한 30일간의 여정

믿음으로 사는 즐거움
흔들리는 그리스도인의 안전한 피난처

하나님의 선교를 열망하라
선교를 향한 거룩한 부담과 뜨거운 열정

하나님을 맛보는 묵상
말씀 앞에 바로서는 삶을 위한 존 파이퍼의 묵상집

옮긴이 : 이현우

전문 번역가로 활동하고 있으며 역서로는 『하나님이 쓰시는 사람』, 『하나님 앞에서 울다』, 『다시 십자가』, 『기도의 능력』, 『나의 하나님은 크다』(이상 좋은씨앗) 등이 있다

Originally published in English under the title:
The Dangerous Duty of Delight by John Piper
Copyright ⓒ 2001 by Desiring God Foundation
Published by Multnomah Books
an imprint of The Crown Publishing Group
a division of Random House, Inc.
12265 Oracle Boulevard, Suite 200
Colorado Springs, Colorado 80921 USA

International rights contracted through:
Gospel Literature International
P.O. Box 4060, Ontario, California 91761-1003 USA

This translation published by arrangement with
Multnomah Books, an imprint of The Crown Publishing Group,
a division of Random House, Inc.

Korean edition ⓒ 2013 by GoodSeed Publishing company
402, 156 Baumae-ro, Seocho-gu, Seoul, Korea

초판 1쇄 발행 | 2013년 8월 20일
개정판 1쇄 발행 | 2017년 12월 13일
개정판 2쇄 발행 | 2022년 9월 25일

지은이 | 존 파이퍼
옮긴이 | 이현우
펴낸이 | 신은철
펴낸곳 | 좋은씨앗
출판등록 | 제4-385호(1999. 12. 21)
주소 | 서울시 서초구 바우뫼로 156, 402호
주문전화 | (02)2057-3041 팩스 (02)2057-3042
페이스북 | www.facebook.com/goodseed
이메일 | good-seed21@hanmail.net

ISBN 978-89-5874-292-0 03230
좋은씨앗 ⓒ 2013

이 한국어판의 저작권은 Multnomah와 독점 계약한 〈좋은씨앗〉에 있습니다.
저작권법에 의하여 한국 내에서 보호를 받는 저작물이므로 무단 전재와 무단 복제를 금합니다.